KB260797

에리히 프롬의 『소유냐 존재냐』 읽기

세창명저산책_004

에리히 프롬의 『소유냐 존재냐』 읽기

초판 1쇄 발행 2012년 10월 10일
초판 5쇄 발행 2023년 10월 16일

—

지은이 박찬국
펴낸이 이방원
기획위원 원당희
책임편집 정조연   **책임디자인** 손경화
마케팅 최성수·김 준   **경영지원** 이병은

—

펴낸곳 세창미디어

　　　신고번호 제2013-000003호   **주소** 03736 서울시 서대문구 경기대로 58 경기빌딩 602호

　　　전화 723-8660   **팩스** 720-4579   **이메일** edit@sechangpub.co.kr   **홈페이지** http://www.sechangpub.co.kr

　　　블로그 blog.naver.com/scpc1992   **페이스북** fb.me/Sechangofficial   **인스타그램** @sechang_official

—

ISBN 978-89-5586-154-9 04100

　　　978-89-5586-142-6 (세트)

박찬국 지음

에리히 프롬의 『소유냐 존재냐』 읽기

세창미디어
MEDIA

머리말

내가 처음으로 접한 에리히 프롬의 책은『자유로부터의 도피』였다. 나는 이 책이 이극찬 씨에 의해서 이미 1969년에 번역되었다는 사실을 모른 채 고등학교 3학년 때인 1977년도에 이 책의 원서를 구입했다. 대학입시가 몇 달 남지 않은 상황에서 숱하게 쏟아지는 정신분석학의 생소한 용어들 때문에 수없이 사전을 뒤척이느라 많은 시간을 빼앗기면서도, 나는 에리히 프롬이 보여주는 인간 심리의 드라마에 취해서 며칠 동안 그 책을 손에서 놓을 수 없었다.

이제 50대 중반의 나이에 이른 지금도 나는 그때 에리히 프롬의 책을 읽으면서 느꼈던 놀람과 흥분을 잊지 못한다. 그 놀람과 흥분은 첫째로 에리히 프롬이 보여주는 것처럼 인간 심리의 병적인 현상들이 그렇게 극적인 성격을 띨 수 있다는 사실에 대한 것이었고, 둘째로는 그렇게 병적인 현상들이 우리에게서 멀리 있는 것이 아니라 많든 적든 우리가 이미 빠져 있는 증세들이라는 사실에 대한 것이었다.

50을 훌쩍 넘은 지금의 시점에서도 에리히 프롬의 책은 여전히 흥미진진하면서도 극히 교훈적이다. 에리히 프롬은 인간 심리가 보여줄 수 있는 병적인 현상들을 면밀하게 분석하는 동시에 우리가 정신적으로 건강한 상태를 구현하기 위해서는 어떻게 살아야 하는지를 분명하게 보여주고 있는 것이다. 에리히 프롬의 이러한 면모가 가장 잘 나타나 있는 책이 그의 『소유냐 존재냐』라고 생각한다.

에리히 프롬은 이 책에서 인간이 구현할 수 있는 성격적인 방향을 소유지향적인 것과 존재지향적인 것으로 나누면서 각각의 성격적인 방향이 갖는 구체적인 특성을 보여주는 것과 함께 우리가 존재지향적인 성격을 구현할 것을 촉구하고 있는 것이다. 우리나라에서뿐 아니라 한때 전 세계적으로 선풍을 불러일으켰던 이 책은 읽을 때마다 그 어떤 고전과 마찬가지로 우리가 살아온 삶의 궤적을 돌이켜보면서 우리 자신을 가다듬게 하는 깊이와 힘을 갖고 있다.

　철학을 전공한 나는 한동안 에리히 프롬의『소유냐 존재냐』는 굳이 해설서가 필요하지 않을 정도로 일반 대중이 이해하기 쉬운 책이라고 생각했었다. 그런데 몇 해 전에『소유냐 존재냐』를 읽은 몇몇 대학생들로부터 이 책이 자신들에게는 어려웠다는 말을 듣고서 이 책에 대해서도 해설서가 필요하다는 생각을 하게 되었다. 이 해설서를 바탕으로 하여 독자들이 고전의 깊이와 품격을 갖추고 있는『소유냐 존재냐』를 직접 읽어보기를 바라 마지않는다.

2012년 9월
박찬국

| CONTENTS |

프롬은 대중적으로 가장 많이 읽혔고 지금도 끊임없이 읽히고 있는 사상가이다. 그의 저서인 『자유로부터의 도피』나 『사랑의 기술』, 『소유냐 존재냐』는 한때 우리나라뿐 아니라 전 세계적으로도 베스트셀러의 대열에 오른 적이 있을 정도다. 그러나 프롬이 누렸던 이러한 대중적인 인기는 프롬에게 꼭 유리하게 작용했던 것만은 아닌 것 같다. 프롬이 대중적으로 인기가 있다는 사실 자체로 인하여 전문 철학계에서는 프롬에 대한 엄밀한 검토도 하지 않은 채 그를 깊이가 결여된 통속사상가로 치부하는 경향이 있었다. 그러나 본인은 프롬을 인류 역사의 철학적·종교적 천재들이 제시한 다양한 통찰들을 종합하면서 현대인과 현대사회의 병적인 성격과 그것의 극복방안에 대해서 그 누구보다도 깊이 있게 고뇌하고 사유했던 심원한 사상가라고 생각한다. 프롬이 제시한 통찰들은 21세기에 들어선 지금도 귀를 기울일 가치가 있다.

현대사회는 과학과 기술의 발전을 통해서 엄청난 물질적 풍요를 이룩했음에도 지구의 한쪽에서는 여전히 수백만의 사람들이 굶주리고 있다. 아울러 기술의 무분별한 발달로 생태계가 파괴되고 있음에도 불구하고 생태계의 복원에 재원이 쓰이기보다는 오히려 대량의 살상무기를 만드는 데 사용된다. 또한 사람들은 가질 만큼 가지고 있으면서도 더욱 더 많이 가지려 하고, 그 결과 인간 간의 갈등과 빈부격차는 갈수록 커져 가고 있다.

그러나 더욱 심각한 문제는 현대인들이 이제 더 이상 이러한 현실을 위기로 느끼지 못한 채 당연한 것으로 받아들이고 그것에 안주하거나 그것을 불가피한 것으로 간주하면서 체념하고 있다는 사실이다. 현대인들은 거대조직사회에 적응하기 바쁘고 사회의 유능한 부품이 되고자 노력할 뿐이며, 현대사회에 대한 비판적인 의식과 사회를 자신의 힘으로 변혁시킬 수 있다는 자신감을 상실하고 있다. 따라서 현대사회가 이룩한 엄청난 물질적 풍요에도 불구하고 현대인들은 깊은 체념과 절망에 빠져 있다.

프롬은 현대사회가 처해 있는 이러한 위기를 극복하기 위해서 자신의 모든 사고와 정열을 바친 사상가다. 프롬은 체념과 절망에 빠져 있는 현대인들로 하여금 자신의 잠재적인 능력과 위대성을 자각하게 하면서 자신들의 힘으로 현실을 변혁할 수 있다는 자신감과 희망을 불러일으키는 것과 동시에, 현대사회의 위기를 극복할 수 있는 구체적인 대안을 제시하려고 했다.

프롬은 이러한 사상적인 과제를 해결하기 위해서 인류에게 그동안 방향을 제시해 주었던 철학적·종교적 천재들의 통찰들을 빠짐없이 수용하면서 종합하려고 했다. 프롬은 도저히 양립될 수 없을 것 같은 사상가들인 마르크스와 프로이트를 동시에 수용하면서도, 마르크스와 프로이트가 허구적이고 현실도피적인 것으로 비판했거나 비판했을 기독교·유태신비주의·선불교와 같은 종교들에 담겨 있는 통찰들도 받아들이고 있다. 프롬은 이렇게 서로 대립되거나 모순되는 것처럼 보이는 다양한 종교적·철학적 통찰들을 수용하여 종합하고 있지만, 이러한 종합은 단순한 절충에 그치지 않고 종합의 필연성에 대한 냉철한 통찰과 함께 수행되면서 하나의 독자적인 사상체계를 구축하고 있다.

20세기를 대표하는 사상가들인 게오르그 루카치나 하이데거 그리고 비트겐슈타인이나 프랑크푸르트학파 등이 특정한 사상적 흐름에 충실하면서 다른 많은 사상적 흐름들에 대해서는 무관심하거나 적대적인 태도를 보인 반면에, 프롬은 그 어떠한 종교적·철학적 흐름에서 비롯된 통찰이든 그것들이 타당한 것이면 주저하지 않고 수용했다.

프롬의 사상이 가지고 있는 이러한 개방적인 성격은 그가 살았던 시기가 이데올로기적인 광기와 이데올로기들 간의 극단적인 대결이 지배했던 시대인 20세기였다는 사실을 생각하면 놀라운 것이다. 특히 프롬은 현대기술문명의 위기를 극복하기 위해서 현대사회의 전면적 변혁을 주장하는 급진적인 사상가이기에 프롬의 개방적이고 균형 잡힌 사유태도는 더욱 놀라운 것으로 다가온다. 급진적으로 사유하는 사상가일 경우 보통 다른 사상들에 대해서 배타적인 태도를 취하기 쉬운 반면에, 프롬은 그 유례를 찾아볼 수 없을 정도로 사고의 겸허함과 유연성을 시종일관 잃지 않고 있는 것이다.

이런 맥락에서 본인은 프롬이 20세기 사상가들 중에서 가장 개방적이고 균형 잡힌 사상가였다고 생각하며 우리가 앞으로 어떠한 방식으로 사유해야 할지를 모범적으로 보여준 사상가라고 생각한다. 그동안 우리는 어떤 특정한 종교사상이나 철학사상에 빠져서 여타의 사상들을 배격하는 식으로 사유했으나 앞으로는 다양한 종교들과 철학들이 제시하는 통찰에 흔쾌히 자신을 열고 그것들을 수용하고 종합하는 태도를 취해야 할 것이다.

인본주의적 사회주의자를 자처하는 프롬은 인간의 잠재적인 능력과 위대성을 신봉하는 근대 계몽주의의 전통을 계승하면서 무엇보다도 마르크스에 경도되어 있지만, 프로이트의 정신분석학과 불교·기독교·유태교 신비주의 그리고 플라톤·아리스토텔레스에서 시작하여 실존철학에 이르는 서양철학의 전통을 수용함으로써 근대 계몽주의에 깊이와 폭을 더하고 있다. 이러한 깊이와 폭을 갖는 만큼 프롬은 근대 계몽주의처럼 인간에 대해서 소박하게 낙관하지 않는다. 아니 그는 오히려 거의 냉소에 가깝다고 볼 수 있을 정도로 인간의 한계와 추악함 그리고 현대인들의 병적인 성격과 심리를 날카롭게 꿰뚫어 보고 있다. 그러면서도 그는 인간의 잠재력에 대한 신뢰를 잃지 않고 있다.

프롬이 대중적으로 크게 호소력을 가질 수 있었던 중요한 이유는 위에서 본 것처럼 시종일관 개방적이면서도 균형 잡힌 사고태도를 잃지 않았던 데도 있지만 그가 심오한 사상을 철학에 문외한인 일반 대중들도 이해할 정도로 평이하면서도 명쾌하게 전개했다는 데 있을 것이다. 프롬의 책이 갖고 있는 이러한 평이함과 명쾌함은 그의 사상이 깊이를 결여하고 있는 것으로 오해되는 원인이 되기도 했다고 생각되지만, 프롬이 자신의 사상을 이렇게 평이하면서도 명쾌하게 서술한 것은 그의 사상이 피상적이어서가 아니라 사회를 바꿀 주체인 대중들에 의해서 이해되지 않고 실행될 수 없는 사상은 무용지물이라고 생각했기 때문이었을 것이다. 그는 현대사회의 대중을 통렬하게 비판했지만 그러한 대중을 향한 신뢰와 희망을 잃지 않았으며 항상 대중과 함께 호흡하고자 했다.

이렇게 인간에 대한 희망과 애정을 잃지 않았던 프롬은 단순히 책상머리에서 자신의 사상을 정교하게 다듬는 것에 그치지 않고 정치에 열정적으로 참여하기도 했다. 프롬은 자신이 지향하던 인본주의적 사회주의의 실현을 위해서 노년의 나이에 미국의 사회당에 가입하여 활동하는 등 죽기 직전까지 미국사회를 변혁시키기 위해서 노력했다.

프롬이 가졌던 인류에 대한 깊은 사랑과 신뢰 및 인류의 장래에 대한 진지한 책임의식은 프롬의 책 구석구석에서도 느껴진다. 독자들이 프롬의 책을 읽으면서 받는 감동은 상당 부분 그러한 데서 연유하리라. 이 글은 프롬의 대표적인 저작 중의 하나인『소유냐 존재냐』를 해설한 책이지만 이 책이 계기가 되어 독자들이『소유냐 존재냐』를 직접 읽으면서 프롬이란 인간의 향기를 직접 느끼기를 바란다.

II

프롬의 생애 — 존재양식에 따른 삶

『소유냐 존재냐』는 1976년 프롬의 나이 76세에 출간된 세계적인 베스트셀러다. 프롬이 80의 나이로 죽었다는 사실을 염두에 두면『소유냐 존재냐』는 그가 평생 개척한 사상을 집약한 책이라고 볼 수 있다. 그는 이 책에서 현대사회의 위기를 현대인들의 삶과 사회구조가 철저하게 소유지향적인 성격을 갖고 있다는 데서 비롯된 것으로 보면서 존재지향적인 삶과 사회구조를 대안으로 제시하고 있다.

이 책은 서론과 3부로 구성되어 있다. 서론에서 프롬은 현대사회의 파국적 양상과 그 근본적인 원인을 탐구하고 있으며, 1부와 2부에서는 소유양식과 존재양식의 차이를 분석하고 있고, 3부에서는 우리가 지향해야 할 새로운 인간상과 사회상을 제시하고 있다.

〈I. 들어가면서〉에서 이미 볼 수 있었겠지만 프롬에게는 삶과 사상이 분리될 수 없는 것이다. 그는 자신이 살아가고 있는 세계에서 벌어지고 있는 문제를 해결하기 위해서 자신의 독자적인 사상을 개척해 나갔고 또한 그러한 사상을 자신의 삶을 통해서 구현하려고 노력했다. 그는『소유냐 존재냐』에서 우리가 소유양식이 아니라 존재양식에 따라서 살 것을 주창하고 있지만, 이를 단순히 구호로 제창하는 것에 그치지 않고 그 스스로 존재양식에 따라서 살려고 노력했다. 따라서 그가 말하는 존재양식에 따른 삶이 무엇인지를 이해하는 데는 그가 살아온 삶을 살펴보는 것도 크게 도움이 될 것이라고 생각한다.

프롬은 1900년 3월 23일 프랑크푸르트에서 출생했다. 부모는 모두 유태인이었고 친가와 외가 모두 독실하게 유태교를 믿었다. 프롬도 어릴 적에는 부모의 신앙을 따라서 탈무드 연구가 되려고 했다. 물론 프롬은 나중에 유태교를 버리게 되지만, 물질적 부를 멀리하고 신을 경배하는 데 몰두했던 프롬의 선조들은 프롬에게 일생 귀감이 되었다.

프롬의 증조부에 대해서 전해 내려오는 일화는 이들의 삶의 자세가 어떠한 것이었으며, 프롬이 이상으로 여긴 삶의 자세가 어떠한 것이었는지를 여실히 보여주고 있다. 프롬의 증조부는 학자이자 탈무드 연구가였다. 그는 자그마한 가게를 운영했는데 수입이 너무 적어서 가족을 부양하기 어려웠다. 어느 날 그는 한 달에 사흘 동안만 외지에 나가서 일을 하면 보다 많은 수입을 올릴 수 있는 사업 제안을 받았다. 그는 많은 자녀들이 있었고 생계가 어려웠음에도 탈무드를 연구할 시간을 한 달에 사흘씩이나 잃게 된다는 이유로 그 제안을 거절했다. 그는 하루 종일 가게에 앉아서 탈무드를 연구했다. 손님이 와도 그는 연구시간을 빼앗긴다고 생각하면서 "우리 가게 말고 다른 가게는 없느냐?"고 손님에게 화를 냈다. 이 증조부는 독일 바이에른 주의 유태인 사회에서 가장 유명한 랍비였고 프롬은 평생 그를 흠모해 마지않았다.

프롬은 12살부터 16살까지 유명한 탈무드 연구가였던 외증조부로부터 정기적으로 탈무드에 대해서 교육받았다. 이

외증조부가 프롬에게 가르친 삶의 자세에 대해서는 다음과 같은 일화가 전형적으로 말해 주고 있다. 프롬은 한 번은 외증조부에게 자신이 장차 어떤 인물이 될 것인지에 대해서 물었다. 프롬은 외증조부가 자신을 귀여워하고 있다는 사실을 알고 있었기에 외증조부가 자신이 듣기 좋아할 대답을 할 것이라고 기대했었지만 외증조부의 대답은 "늙은 유태인!"이었다. 이러한 대답이야말로 모든 종류의 자만심을 배격하려는 전형적인 유태적인 대답이었다.

프롬은 어릴 때부터 이러한 랍비들의 삶의 태도로부터 많은 감화를 받고 그들이 살고 있는 정신세계를 자신의 고향으로 생각하면서 살아왔다. 따라서 프롬은 모든 사람들이 돈을 벌기 위해서 대부분의 시간을 보내는 근대세계를 이해하기 어려웠다. 프롬 자신은 평생 돈을 버는 데 그다지 관심이 없었다. 프롬의 책『사랑의 기술』은 독일에서 수백만 부가 팔렸지만 불성실한 출판사 때문에 그는 보잘것없는 인세만을 받았음에도 전혀 개의치 않았다. 프롬은 인세 따위에는 관심이 없었다. 그리고 프롬은 오전을 연구와 사색을 위한 신성한 시간으로 생각하면서 오전에는 돈 버는 것과 관련된 일을 절대로 하지 않았다. 심리치료가로서 돈을 벌 경우에도 그는 오직 오후에만 일을 했다.

프롬은 제1차 세계대전이야말로 자신이 청년기에 겪은 가장 결정적인 사건이었다고 말하고 있다. 그는 제1차 세계대전을 19세기에 서구를 지배했던 낙관주의와 계몽사조를 종결시킨 가장 잔혹하고 비합리적인 사건으로 보고 있다. 프롬은 제1차 세계대전을 계기로 해서 어떻게 전쟁처럼 비인간적인 일이 일어날 수 있는지에 대한 의문을 갖게 되었다. 프롬이 성장함에 따라 이러한 의문은 그에게 더욱 절박하게 다가왔다. 수백만의 사람이 한 번도 보지 못한 사람들을 죽이고 죽임을 당하면서 부모나 아내, 친구들을 깊은 비탄悲嘆의 구렁텅이에 빠뜨리는 일이 어떻게 가능할까? 그들은 무엇 때문에 싸우는가? 양 진영 모두 자신들은 전쟁을 바라지 않으며 오직 평화와 자유를 위해 싸우고 있다고 주장하는 데도 어떻게 해서 전쟁이 일어날 수 있는가? 그 후의 사실에 의해 밝혀진 것처럼 양 진영 모두 소수의 정치지도자들과 군사지도자들이 영토를 확장하고 자신들의 이름을 떨치기 위해서 전쟁을 했다면, 약간의 영토와 소수의 지도

자를 위해 양 진영의 수백만의 병사가 서로를 학살하는 사태가 어떻게 일어날 수 있을까?

이러한 문제의식으로 인해서 프롬은 프랑크푸르트 대학에서 처음에는 법학을 공부했지만 심리학과 철학 그리고 사회학을 공부하는 것으로 방향을 바꾸게 되었다. 전쟁이 끝났을 때, 프롬은 세계평화와 형제애에 입각한 사회구조를 실현하려는 깊은 열정에 사로잡히게 되었다. 그리고 그는 모든 공인公認된 이데올로기와 공적인 선언 따위에 대해서 극도로 회의적이 되었으며, '모든 것을 의심하지 않으면 안 된다'고 생각하게 되었다.

대학에 들어간 후 프롬은 유태교를 보편주의적이고 인본주의적으로 해석하는 유태사상가들의 영향을 받으면서 결국에는 정통적인 유태교에서 벗어나 비유신론적인 휴머니즘을 자신의 신조로 삼게 되었다. 프롬은 자신의 이러한 변화를 아담이 선악과를 먹은 사건와 비교할 정도로 결정적인 사건으로 여겼다. 정통적인 유태교에는 정결하지 않은 음식물뿐 아니라 돼지고기로 만든 소시지까지 포함해서 일체의 돼지고기를 먹지 말라는 계율이 있었다. 1926년 정신분석학을 배우기 위해서 체류하던 뮌헨에서 프롬은 돼지고기로 만든 소시지를 용기를 내어 사 먹는다.

종교적 신앙으로서의 유태교는 버렸지만 프롬은 자신의 사상을 유태교의 인본주의적인 정신에서 발전되어 나온 것으로 보았으며 유태교의 근본정신을 철저화한 것으로 생각했다. 프롬은 세계평화와 사해동포주의에 대한 자신의 희구가 어릴 적부터 구약성서를 수시로 접하면서 받은 감동에서 비롯되었다고 생각하고 있었다. 프롬은 무엇보다도 이사야, 아모스, 호세아와 같은 예언자들에게서 깊은 감동을 받았다고 고백하고 있다. "모든 나라의 백성은 그들의 칼을 부수어 보습을 만들고 그들의 창을 부수어 낫을 만들며, 각 나라들은 서로 칼을 들지 않으며 더 이상 전쟁을 배우지 않을 것이다"라는 최후의 날에 대한 예언자들의 비전은 어린 시절부터 프롬에게 세계 평화와 형제애가 넘치는 인류 사회에 대한 희구를 불러일으켰다.

그리고 프롬은 자신이 유태인이라는 것 역시 자신이 세계평화와 사해동포주의의 구현에 큰 관심을 갖게 된 원인 중의 하나라고 보고 있다. 프롬은 기독교 사회에 살고 있던 유태인 소년으로서 독일 사회에 만연된 반유태주의를 경험하고 있었다. 더구나 외아들로 태어난 프롬은 많은 외로움을 느꼈기에 배타적인 태도를 싫어했다. 이러한 프롬에게 세계 평화와 사해동포주의라는 예언자적인 비전만큼 정신을 고양시키는 것은 없었다.

바로 이러한 이유로, 프롬은 원래 프랑크푸르트 대학에서 수학하던 시절까지만 해도 유태 민족주의인 시오니즘을 열렬히 지지했지만 결국은 시오니즘에서 등을 돌리게 된다. 프롬은 시오니즘을 유태교의 인본주의적인 정신과 메시아주의와 모순된다고 생각하게 된다. 그는 죽을 때까지 시오니즘에 대해서 비판적인 태도를 견지했으며 이스라엘 국가에 대해서도 호의적이지 않았다. 그는 아랍인들의 권리를 열정적으로 대변했으며 아랍인들에 대한 이스라엘의 잔혹 행위를 비난했다.

프롬이 정통적인 유태교의 교리와 관습을 포기하게 된 또 하나의 동기는 불교와의 만남이었다. 프롬은 1920년 중반에 게오르크 그림Georg Grimm의 『부처의 가르침. 이성의 종교 Die Lehre des Buddhismus』와 『불교학Die Wissenschaft des Buddhismus』을 통해서 불교를 알고 난 후 불교에 깊은 감명을 받게 된다. 프롬은 불교야말로 이성에 입각한 종교이며 어떠한 비합리적인 신비화나 계시나 권위도 인정하지 않는 종교로서 격찬한다.

1926년에 프롬은 정신분석 전문의사인 프리다 라이히만Frieda Reichmann과 결혼한다. 프롬은 당시 하이델베르크에서 프로이트의 정신분석학을 치료에 응용하고 있던 프리다 라이히만을 통해서 본격적으로 정신분석학에 접하게 되었으며, 프로이트의 제자였던 칼 란다우어로부터 정신분석학을 배우게 된다. 그러나 프롬은 1935년부터 카렌 호니Karren Horney나 설리반Harry Stack Sullivan과 같이 인간 심리와 치료에서 인간관계를 중시하는 사람들의 영향을 받고서 '개인을 고립되고 자족적인 것으로 보면서 사람들은 자신의 충동의 실현을 위해서만 다른 사람들을 필요로 한다'고 보는 프로이트 이론에서 거리를 취하게 된다. 이들은 환자의 일상적인 문제들에 대해서 함께 관심을 가져 주고 환자를 따뜻하게 대하면서 환자와 진지하게 대화를 나누는 것을 심리치료의 가장 중요한 수단으로 보았다.

정신분석학자였을 뿐 아니라 사회학자이기도 했던 프롬은 심리학과 사회학을 결합하는 분석적인 사회심리학을 개척해 나갔다. 이러한 관심 때문에 프롬은 프랑크푸르트학파를 탄생시킨 막스 플랑크 사회연구소와 관계를 맺게 된다. 그는 1930년에서 1938년까지 연구소 내의 사회심리학 분야의 책임자로 일했다. 프롬이 가입하게 되면서 막스 플랑크 사회연구소에서는 정신분석학적이면서도 마르크스주의적인 사회탐구가 중요한 연구분야가 된다. 프롬은 연구소에서 호르크하이머나 마르쿠제를 통해서 마르크스의 사상을 본격적으로 접하게 된 반면에, 호르크하이머나 마르쿠제는 프롬에게서 정신분석학을 배웠다.

프롬은 1957년에 서양에 선불교를 소개한 다이세츠 스즈키와 '정신분석학과 선불교'를 주제로 한 공동 세미나를 개최한다. 프롬에게 스즈키와의 세미나는 극히 중요한 사건이었다. 프롬은 선불교에 대해서 이렇게 평하고 있다.

"선禪은 내가 알고 있는 한에서는 가장 세련된 반反이데올로기적이고 이성적인 체계이며, 그것은 '비종교적' 종교

'nonreligious' religion를 발전시키고 있다. 선이 지식인들 사이에서 열렬한 관심을 불러일으켜 서양 세계에 지대한 영향을 미치게 될 것이라는 생각은 터무니없는 것이 아니다."

선불교에 대한 프롬의 관심은 단순히 이론적인 데 그치지 않았다. 프롬은 매일 아침 10시에서 11시까지 명상을 했다. 프롬은 1975년에 자신의 75세 생일을 기념하기 위한 심포지엄에서 발표를 했다. 그는 병 때문에 쇠약해져 있었지만 전혀 피로한 기색을 보이지 않고 두 시간 가량의 발표를 해냈다. 사람들이 프롬에게 그 비결을 묻자 그는 자신이 그날 아침 2시간 동안 호흡과 명상을 했다고 대답했다.

1955년 프롬은 미국 사회당에 가입하고 1960년에는 당의 새로운 강령을 기안한다. 이 강령은 당에 의해서 수용되지만, 자신의 여러 제안들이 당 내의 관료주의 때문에 받아들여지지 않는 것을 보고서 프롬은 결국은 당을 떠나게 된다. 물론 그렇다고 해서 그가 모든 정치활동을 중단한 것은 아니었다. 프롬은 자신이 할 수 있는 모든 종류의 활동을 수행했다. 그는 현실적인 정치적인 문제들에 대한 자신의 입장

을 담은 편지들을 영향력 있는 정치가들이나 기자들에게 보
냈다.

무엇보다도 프롬은 평화운동을 위해서 많은 시간과 정력
그리고 돈을 쏟았다. 프롬은 군비축소를 주장했고 심지어는
미국만이라도 군비를 축소할 것을 주장했다. 이러한 노력의
결과 프롬은 풀브라이트 상원의원와 가까운 사이가 되었고,
풀브라이트 상원의원의 제안으로 당시의 긴장완화 정책에
대한 프롬의 견해가 미국 상원에서 논의되었다. 그 외에 프
롬은 스페인 난민들과 팔레스타인 난민들을 돕는 데 참여했
다. 또한 프롬은 철학자인 마르틴 부버 등과 함께 아랍인들
에게 그들이 전에 소유했던 재산을 되돌려주는 것을 목표로
하는 위원회를 세우려고 했다.

68세의 나이로 프롬은 당시 베트남전에 반대했던 인본주
의적인 상원의원이었던 유진 매카시Eugene McCarthy의 대통령
당선을 위한 선거유세에 참여했다. 그는 미국 전역을 돌아
다니면서 수많은 연설을 했다. 프롬은 닉슨이 대통령으로
당선되는 것을 저지할 수는 없었지만 많은 미국인들이 미국
을 인간적인 사회로 만드는 데 깊은 관심을 갖고 있다는 것

을 확인할 수 있었다. 그러나 과중한 선거유세 활동과 자신의 책『희망의 혁명』을 선거일 전에 출간하기 위해서 과로한 탓에 프롬은 건강을 상하게 된다. 1968년에 찾아온 심장마비 때문에 그는 모든 정치활동을 중단하게 된다.

1976년에는『사랑의 기술』과 함께 전 세계적으로 베스트셀러가 되었던『소유냐 존재냐』가 출간되었다. 80세 생일을 5일 앞둔 1980년 3월 18일 밤, 프롬은 아무런 고통스러운 기색도 보이지 않은 채 심장마비로 숨졌다.

프롬은 자신이 살던 시대는 소란과 광기의 시대라고 할 만큼 험난하였지만, 자신에게는 이 시대가 무진장한 사회적 실험실이 되었다고 말하고 있다. 제1차 세계대전, 독일에서의 사회주의 혁명과 러시아 혁명, 이탈리아와 독일에서 파시즘과 나치즘의 승리, 러시아 혁명의 타락, 스페인 시민전쟁, 제2차 세계대전, 소련과 미국 사이의 군비확장경쟁, 이 모든 일들이 프롬에게 경험적인 자료들을 제공하면서 프롬이 여러 가설들을 만들고 그러한 가설들을 검토하는 것을 가능하게 했다는 것이다. 이러한 시대에 프롬은 인류가 건전한 삶과 사회를 형성하는 데 도움이 될 수 있는 이론을 개발하는 한편, 인간성과 인간의 진정한 자유의 실현을 위해서 행동했다. 프롬은 알버트 슈바이처와 간디를 존경했지만 그의 삶은 이들의 삶 못지않게 인간에 대한 신뢰와 사랑에 입각한 삶이었다.

우리는 이상에서 프롬의 생애를 간략히 살펴보았다. 독자는 그의 삶을 통해서 그가 주창하는 존재양식에 따른 삶이 무엇인지를 이미 감지할 수 있었을 것이라고 생각된다.

첫째로 그것은 비판적이고 독립적이면서도 개방적인 사고에 입각한 삶이다. 어린 시절의 신앙을 버리는 것은 누구에게나 극히 힘든 일이지만 그는 유태인만을 선민으로 생각하고 권위주의적이고 비이성적인 요소를 상당히 포함하고 있는 전통적인 유태교를 신앙으로서는 포기했다. 그러나 그는 유태교의 전체를 버린 것이 아니라 그 안에 포함되어 있는 사해동포주의적이고 인본주의적인 정신은 계승하려고 했다. 그는 인간의 성장과 인간들 간의 연대를 방해한다고 생각하는 모든 신념에 대해서는 비판적인 태도를 취했지만, 인간을 긍정적인 방향으로 변화시킬 수 있는 종교나 철학은 어떤 것이든지 간에 흔쾌히 수용했다.

둘째로 존재양식의 삶은 소유에 대한 욕망에서 벗어나 다른 사람들과 자연에 대해서 연대감을 경험하고 사랑을 실천하는 삶이다.

III

『소유냐 존재냐』 읽기

1. 서론: 위대한 약속, 그 좌절과 새로운 대안

1) 환상의 종언

근대기술문명은 무한한 진보의 이념을 자신의 토대로 삼고 있다. 즉 그것은 자연의 지배와 그것을 통한 물질적 풍요, 최대다수의 최대의 행복, 무한한 개인적 자유의 실현을 향해서 역사가 진보한다고 믿었고, 그러한 이념들의 실현을 자신의 과제로 삼아 왔다. 아울러 그러한 이념들은 단순히 자본주의 사회뿐 아니라 사회주의사회의 이념이기도 했다.

지금은 붕괴되었지만 프롬이 『소유냐 존재냐』를 쓸 당시만 해도 세계의 절반을 지배했던 이념인 사회주의는 원래는 새로운 인간과 새로운 사회를 실현하는 것을 목표로 삼았지만 이러한 목표를 곧바로 포기하고 모든 사람들이 물질적인 풍요를 누리게 되는 사회를 이상으로 삼았다. 자본주의사회에서든 사회주의사회에서든 사람들은 물질적 풍요를 실현하고 그러한 부를 마음대로 쓸 수 있는 자유를 누린다면 그 결과로서 무한정 행복해질 수 있다고 생각했다.

그러나 이러한 진보의 이념은 오늘날 실패로 끝났으며 다음과 같은 사실이 분명해지고 있다.

a. 물질적 풍요의 실현을 통해서 모든 감각적 욕망을 무한히 충족시킨다고 해서 사람들이 행복해지는 것은 아니다.
b. 자신의 삶을 자유롭고 독립적으로 형성한다는 꿈은 우리 모두가 관료제라는 기계의 톱니바퀴가 되어 사고도 감정도 기호도 정치와 산업 및 그것들이 지배하는 매스커뮤니케이션에 의해 조작되고 있다는 사실에 우리가 눈뜨기 시작했을 때 끝나버렸다.

c. 경제의 진보는 여전히 풍요한 나라에 국한되었고, 풍요한 나라와 가난한 나라 사이의 간격은 더욱더 벌어졌다.

d. 기술의 진보 그 자체가 생태계의 위기와 핵전쟁의 위험을 낳았으며, 이 중 어느 하나나 혹은 둘 다로 인해서 모든 문명과 모든 생명은 종말을 고할 수 있을지도 모른다.

2) 위대한 약속이 좌절된 이유

프롬은 진보의 이념이 제대로 구현되지 못하고 오히려 인류사회가 위와 같은 위기를 맞게 된 이유를 심도 있게 분석하고 있다. 그는 현대의 자본주의 사회가 입각해 있는 심리학적인 전제들로 인해서 그것은 위기를 맞고 있다고 본다. 그러한 심리학적인 전제란 첫째로 인생의 목적은 인간들의 모든 주관적 욕망을 만족시키는 것이라는 것, 달리 말해서 행복을 최대한의 쾌락을 누리는 것과 동일시하는 철저한 쾌락주의이며, 둘째로는 자기중심주의, 이기심 내지 탐욕이 이 체제가 기능을 발휘하기 위해서 조장될 필요가 있다는 전제이다.

그러나 프롬에 따르면 철저한 쾌락주의는 중국, 인도, 근동, 유럽의 위대한 '인생의 교사들'에 의해 행복의 '이론'으로서 표명된 적이 한 번도 없었다. 흔히 쾌락주의자로 알려진 에피쿠로스만 해도 그가 말하는 쾌락은 감각적 쾌락이 아니라 고통의 부재aponia와 영혼의 평정ataraxia을 의미했다.

"에피쿠로스에 의하면 욕망의 충족으로서의 쾌락은 인생의 목적이 될 수 없다. 왜냐하면 그런 쾌락에는 반드시 불쾌감이 뒤따르며, 따라서 인간을 그의 진정한 목적인 고통의 부재로부터 멀어지게 하기 때문이다."

어떤 감각적인 욕망을 우리가 과도하게 충족하게 되면 그것은 오히려 구토를 불러일으킨다. 또한 우리가 감각적인 욕망을 탐닉하기 시작하면 그러한 욕망은 무한하게 확장되면서 우리를 욕망의 노예로 만들고 만다. 따라서 부처나 예수 혹은 에피쿠로스와 같은 인류의 위대한 교사들은 주관적으로만 느껴지고 그것이 실현되더라도 순간적 쾌락만을 가져다주는 감각적인 욕구와, 완전한 인간이 되려는 인간의 본성적인 성향에 뿌리박고 있으면서 그것이 실현될 경우 인간의 성장에 기여하며 행복을 가져오는 욕구를 구별했다.

"다시 말해서 그들은 '순수하게 주관적으로 느끼는 욕구와 객관적으로 타당성을 지닌 욕구를 구별했다. 전자의 일부는 인간의 성장에 유해하고 후자는 인간본성의 요건에 일치하기 때문이었다."

인생의 목적을 모든 주관적인 욕망의 충족에서 찾는 쾌락주의는 기술산업사회와 새로운 시민계급이 대두되면서 사람들의 관심이 주로 물질을 획득하는 데 쏠리기 시작하던 17세기와 18세기에 홉스나 라 메트리 그리고 마르퀴 드 사드와 같은 유물론자들에 의해서 주장되었다. 이 당시에 이익은 성경이나 스피노자에서처럼 '영혼을 위한 이익'이 아니고 물질적이고 금전적인 이익만을 의미하게 되었고, 새롭게 부상하던 시민계급은 귀족계급에 의한 정치적 구속뿐만 아니라 사랑과 연대의 모든 유대까지 벗어 던져버리고 단지

'자신만을 위하는 것'이 최선이라고 믿게 되었다.

홉스에게 행복은 끊임없이 일어나는 탐욕을 계속해서 충족시키는 것이었다. 라 메트리는 심지어 마약도 환상적인 행복감일지언정 어떻든 행복감을 주는 것이라고 보면서 권장하기까지 했다. 사디즘이라는 용어의 기원이 되었던 마르퀴 드 사드는 남들을 괴롭히고 학대하는 잔혹한 충동을 만족시키는 것도 정당한 것으로 보았다. 그 이유는 바로 그러한 충동이 존재하며 만족을 갈망하기 때문이라는 것이다. 그들은 시민계급이 최종적으로 승리를 거둔 시대에 산 사상가들이었다. 이러한 사상가들의 사상이 지배하게 되면서, 피지배계급의 희생 아래 감각적인 쾌락을 탐닉하던 귀족들이 쾌락주의라는 철학적인 기반 없이 관습으로 삼아온 것이 시민계급의 관습과 이론이 되어버렸다.

오늘날에는 역사상 처음으로 온갖 종류의 감각적 욕구를 충족시키는 것이 소수의 귀족들에게만이 아니라 인구의 과반수 이상에게도 가능하게 되었다. 프롬에 따르면 현대의 산업사회란 과연 '감각적인 쾌락을 무한정하게 만족시킴으로써 인간이 진정으로 행복해질 수 있느냐'라는 물음에 대한 최대의 사회적 실험실이다. 그러나 이 실험은 실패로 끝나고 있다.

산업시대의 제2의 심리학적 전제, 즉 개인적 이기주의의 추구가 이른바 보이지 않는 손에 의해서 조화와 평화, 모든 인간의 행복의 증대를 가져온다는 전제도 역시 하나의 오류라는 사실이 밝혀지고 있다. 더 나아가 자본주의 경제체제에서는 체제가 인간에게 요구하는 자질들―자기중심주의, 이기심, 탐욕―은 단순히 체제가 조장하는 것일 뿐 아니라 인간성에 내재되어 있는 것으로 간주되었다.

이기주의란 소유를 목표로 하는 삶의 방식이다. 이기주의자는 다른 사람들과 나누어 갖는 것에 의해서가 아니라 가능한 많은 것을 혼자서 소유하는 데서 쾌락을 느낀다. 더 많은 소유가 삶의 목표라면 더욱 많이 '소유할수록' 나의 '존재'는 더욱 확실해지므로, 나는 탐욕스러워질 수밖에 없으며 소유해야 할 대상을 둘러싸고 다른 사람들과 경쟁하고 그들을 적대시할 수밖에 없다.

"나는 다른 모든 사람들, 즉 내가 속여야 할 고객과 없애야 할 경쟁자와 착취해야 할 노동자에 대해서 적의를 품어야 한다. 소망에는 끝이 없기 때문에 나는 결코 만족할 수 없으며, 나보다 더 많이 가진 사람을 시기해야 하고, 더 적게 가진 사람들을 두려워해야 한다. 그러나 나는 이 모든 감정을 억눌러야 한다. 그것은 모든 사람들이 그렇게 가장하듯이 나 자신을 (나 자신에 대해서나 다른 사람에 대해서나) 미소를 띤 이성적이고 성실하고 친절한 인간으로 보이게 하기 위해서이다."

이러한 소유에 대한 정열은 끝없는 계급투쟁을 가져온다. 공산주의자들은 그들의 체제가 계급들을 폐지함으로써 계급투쟁을 종식시킨다고 말하고 있지만 그것은 허구이다. 왜냐하면 그들의 체제도 사람들의 감각적 욕구를 최대한 만족시키기 위해서 물질적 풍요를 실현하는 것을 궁극적인 목표로 삼고 있기 때문이다. 모두가 더 많이 갖기를 바라는 한, 계급들이 형성되게 마련이고 계급투쟁이 있게 마련이다. 그리고 전 세계적으로는 국가 간의 전쟁이 있게 마련이다.

"탐욕과 평화는 서로 어울릴 수 없는 것이다."

또한 이기주의와 탐욕이 정당화되고 무제한적으로 추구되면서 산업사회에서 인간과 자연의 관계는 매우 적대적인 것이 되었다. 인간과 자연의 조화라는 비전은 포기되었고 자연은 인간의 이기적인 욕망 충족을 위한 수단이 되었다. 그 결과 자연의 정복은 점점 파괴와 같은 의미를 지니게 되었다. 정복과 적대감으로 눈먼 우리들은 천연자원에는 한도가 있어 결국은 고갈되고 만다는 사실, 그리고 자연이 인간의 탐욕에 대해서 반격을 가해 올 것이라는 사실을 인식하지 못했다.

위에서 보듯 현대산업사회는 병들어 있으며 이러한 사회체제는 병든 심성을 낳고 이렇게 병든 심성은 다시 병든 사회를 낳는 악순환을 심화시키고 있다. 따라서 현대사회의 변혁은 새로운 사회를 형성하는 것 외에 새로운 인간을 형성하는 것, 보다 구체적으로 말하면 현대인의 심성구조에 근본적인 변혁이 일어나는 것을 불가결의 조건으로 한다. 프롬에 따르면 이러한 근본적인 인간변혁의 필요성은 윤리적 혹은 종교적 요청으로서뿐만 아니라 인류의 생존을 위한 조건으로서도 제기되고 있다. 우리는 오늘날 역사상 최초로 인류의 육체적 생존이 인간심성의 근본적인 변화에 의존하게 된 시대에 살고 있는 것이다. 프롬은 현대자본주의를 규정하고 있는 인간심성을 소유지향적인 것으로 보고 있으며 이러한 심성을 존재지향적인 것으로 변화시키는 것에 의해서만 오늘날의 위기는 극복될 수 있다고 본다.

2. 소유와 존재의 차이에 대한 이해

1) 소유와 존재의 차이

프롬은 현대의 소유지향적 정신은 소비주의적인 정신과 결부되어 있다고 본다. 소비라는 것은 예컨대 어떤 것을 먹고 마시는 데서 드러나는 것처럼 그것을 내게 편입시키는 것incorporating으로서 소유의 한 방식이다.

이러한 소비는 여러 형태로 나타날 수 있다. 프롬은 다양한 종류의 식인풍습에서도 편입과 소유의 결부를 발견한다. 예를 들면 다른 인간을 먹음으로써 나는 그 사람의 힘을 얻을 수가 있으며 이러한 식인풍습은 노예를 획득하는 것과 동일한 가치를 지닌다. 용감한 인간의 심장을 먹음으로써 나는 그의 용기를 획득한다. 토템동물을 먹음으로써 나는 그 토템동물이 상징하는 신성을 획득한다. 이 밖에도 여러 형태의 편입이 있으며, 그것들은 생리적 요구와 결부되어 있지 않기 때문에 한도를 모른다. 위와 같이 소비는 다양한 형태로 이루어질 수 있음에도 불구하고 그것들 모두는 다른 존재자들의 소비를 통해서 자신의 존재를 풍요롭고 강하게 만들 수 있다는 생각에 근거해 있다. 그것들은 다른 것들과의 호혜적인 태도를 지향하는 것이 아니라 다른 것들을 내 것으로 함으로써 나를 강화하겠다는 생각에 입각해 있다.

프롬은 특히 현대에는 사물들을 더 많이 그리고 더 세련되게 자신의 소비 대상으로 삼을수록 자신의 존재도 더 풍요롭게 되고 더 세련되게 될 것이라고 믿는 소비주의가 극단에 이르기까지 추구되고 있다고 본다. 현대의 소비자들은 다음과 같은 공식으로 자신을 확인하는 것이다. '나는 존재한다 = 나는 소유한다' 및 '나는 소비한다.'

현대에서 이루어지는 여가활동이란 것도 사실은 소비행위에 지나지 않는데, 여기서는 자동차, 텔레비전, 여행, 섹스가 주된 대상이 되고 있다. 이러한 소비행위는 흔히 능동적인 여가활동이라고 불리고 있지만 사실은 수동적인 성격을 갖고 있다. 이는 이러한 소비행위에서는 사람들이 자신의 잠재력을 능동적으로 발휘하고 개발함으로써 자신의 존재를 풍요롭게 하는 것이 아니라 사물들을 단순히 소비함으로써 자신의 존재를 풍요롭게 하려고 하기 때문이다. 그러한 소비행위는 언뜻 보기에는 사물들을 자신의 것으로 하는 능동적인 행위인 것처럼 보이지만 사실은 사물들에 의존하여 자신의 존재를 풍요롭게 하려는 수동적이고 소극적인 태도에 불과한 것이다.

소유양식에서는 나와 내가 가지고 있는 것 사이에 살아 있는 관계는 존재하지 않는다. 내가 가지고 있는 것은 한갓 나의 소유대상으로 존재할 뿐이며 나 역시 내가 소유하고 있는 것에 의해서 규정됨으로써 '그것이 나를 소유하는' 것이 된다. 사물들을 소유하고 소비하는 데서 우리가 우리의 존재를 확인하려고 하면 할수록 우리는 그것들의 주인이 되는 것이 아니라 그것들에 예속되는 것이다. 따라서 소유양식은 주체와 객체 모두를 '물건'으로 만들어버리며 주체와 객체의 관계는 죽은 관계가 된다.

'내가 무엇을 가지고 있다'라고 할 경우 우리는 흔히 그것을 소유하는 나 자신도 그리고 그 소유의 대상도 영속적으로 존재하기를 암암리에 희구하고 있다. 그런데 소유양식에서 나라는 것이 내가 가지고 있는 재산, 사회적 지위, 특정한 성격, 명예 등등에 의해서 규정된다면 나는 내가 가지고 있는 것들을 영속적인 것으로 만듦으로써 나 자신도 영속적인 것으로 만들 수 있다고 생각하는 것이다. 따라서 사람들은 육체의 미라화에 의한 육체적 불멸과 유언과 명성에 의한 정신적 불멸의 시도에 이르기까지 갖가지 형태로 자신의 불멸을 모색해 왔다.

이렇게 자신과 자신의 소유물을 불멸의 공고한 것으로 만들려고 하기 때문에 소유양식은 필연적으로 힘을 추구하게 된다. 나의 정체성과 존립은 내가 소유하는 것의 양과 질에 의해서 결정되므로 나는 되도록 더 많이 그리고 더 좋은 것을 소유하려고 하며 이를 위해서 힘을 필요로 하게 된다. 나는 내가 소유하고 있는 것을 유지하기 위해서는 타인들로부터 그것을 지키는 힘을 사용해야 한다. 또한 더 많이 그리고 더 좋은 것을 소유하려는 욕망은 공공연한 혹은 은밀한 방법으로 타인의 것을 빼앗기 위해서 폭력을 사용하고 싶은 욕망을 낳는다.

'소유'에의 욕망이 지배하는 인간관계는 답답하고 부담스러우며 갈등과 질투로 가득 차 있다. 소유를 중심으로 삼는 사람들은 그들이 좋아하거나 찬양하는 인물을 '갖기'를 원한다. 사람들은 자신이 좋아하는 사람을 독점하기를 바라며 자신이 소유하고 있는 사람을 다른 사람이 소유하려고 할 경우에는 질투하고 경계한다.

물론 프롬이 생존을 위해서 필요한 소유마저도 부정하는 것은 아니다. 프롬이 비판하는 것은 소유에서 행복의 원천을 발견하려고 하는 성격학적인 소유이다. 공복과 같이 육체의 생리에 의해서 일정한 포화점을 지닌 생리적 욕구와는 대조적으로 이러한 성격학적인 소유욕은 포화점이 없다. 왜냐하면 일단 그것을 아무리 충족시켜도 우리가 그것을 통해서 극복하고 싶어하는 내적인 공허감과 권태 그리고 외로움과 우울은 충족되지 않기 때문이다.

소유와 소비는 우리가 자신을 세계와 대립하는 고립된 자아로 생각하면서 경험하게 되는 불안과 외로움을 극복하기 위해서 선택한 삶의 방식이지만, 그것은 삶의 불안과 외로움을 해소해주지 않고 오히려 그것을 더욱 심화한다. 그러나 소유지향적인 성격의 사람들은 이러한 불안과 외로움이 아직 더 많이 소유하지 않고 소비하지 않은 데서 비롯된 것이라고 보면서 보다 더 큰 소유와 소비를 추구하게 된다. 우리의 소유욕과 소비욕은 세계 전체를 자신의 소유와 소비의 대상으로 만들 때까지는 만족하지 않는 것이다. 우리는 우리가 소유지향적인 삶에 머물러 있는 한 벗어날 수 없는 불안과 고독에서 벗어나기 위해서는, 그러한 삶의 전제가 되는 생각, 즉 자신을 세계와 대립하는 고립된 자아로 보는 생각으로부터 벗어나야 한다.

위와 같은 소유지향적 삶에 반해서 프롬은 존재지향적 삶을 내세운다. 존재지향적 삶이라는 말로 프롬은 어떤 것을 소유하지도 않고 또 소유하려고 갈망하지 않으면서도 즐거워하고 자기의 재능을 생산적으로 사용하면서 세계와 '하나가 되는' 삶의 양식을 표현하고 있다. 프롬은 인류의 '위대한 교사들'이 이미 일찍부터 '소유지향적인 삶을 버리고 존재지향적 삶을 택할 것을 가르쳐 왔다'는 사실을 지적하고 있다. 예를 들어서 부처는 소유에 대한 집착을 버려야 한다고 가르쳤다. 예수 역시 다음과 같이 가르치고 있다.

"누구든지 자기 목숨을 구원하려고 하는 사람은 잃을 것이요, 누구든지 나를 위하여 자기 목숨을 잃는 사람은 구원받을 것이다. 사람이 온 세계를 얻고도 자기를 잃거나 망치면 무엇이 유익하겠느냐."

기독교 신비주의자였던 마이스터 에크하르트 역시 아무 것도 소유하지 않고 자신을 비우는 것, 자신의 협소한 자아 ego가 삶에서 중심이 되지 않도록 하는 것이 정신적 부와 힘을 성취하기 위한 조건이라고 가르쳤다. 마르크스 역시 사치는 가난에 못지않게 나쁘며, 우리의 삶의 목적은 많이 '소유하는' 것이 아니고 많이 '존재하는' 것에 있다고 가르쳤다.

프롬에 따르면 존재와 소유의 차이는 흔히 오해될 수 있는 것처럼 동양과 서양의 차이는 아니다. 요사이 많은 사람들이 서양은 물질을 숭배하는 태도에 의해서 지배되어 온

반면에 동양은 정신적인 가치를 존중해 왔다고 보면서 현대의 위기는 동양사상에 의해서 극복될 수 있다고 말하지만, 프롬은 서양의 위대한 교사들은 동양의 위대한 교사들 못지 않게 존재양식을 삶의 바람직한 양식으로 보았다고 말하고 있다. 사실 서양의 마이스터 에크하르트의 가르침과 동양의 부처의 가르침은 같은 언어의 두 가지 방언에 불과하다.

존재와 소유의 차이는 동서양 어디에서든 볼 수 있는 삶의 양식의 차이일 뿐이다. 존재와 소유는 인간이 자아와 세계와 관계 맺는 근본적으로 다른 두 가지 방식이며 그 어느 쪽이 지배하느냐에 따라 사람의 사고, 감정, 행위의 총체가 결정되는 다른 종류의 성격구조들을 가리킨다. 그리고 소유지향은 동서양을 막론하고 모든 산업사회의 특징이 되었으며, 동양이든 서양이든 산업사회에서는 돈, 명예, 권력에 대한 탐욕이 인생을 지배하는 것이 되었다. 따라서 서양인들뿐 아니라 동양인들마저 존재양식을 설파하는 선禪과 같은 사상을 이해할 수 없게 되었다. 현대인들은 재산과 탐욕을 중심으로 하지 않는 사회의 정신을 이해할 수 없게 된 것이다.

소유양식의 삶에서 나는 자신을 세계와 대립된 것으로 파악하며 세계를 가능한 한 나의 소유물로 만듦으로써 세계 안에서의 나의 안전을 확보하려고 한다. 따라서 삶의 소유 양식에서 세계와 나의 관계는 소유나 점유의 관계가 되며, 이 관계 속에서 나는 나 자신을 포함한 모든 사람과 모든 물건을 자신의 욕망을 충족시킬 수 있는 소유물로 만들고 싶어 한다. 나는 심지어 나의 육체까지도 나의 소유물로 만들고 싶어 한다. 따라서 현대인들은 자신의 육체를 기계를 사용하듯 혹사하며 자신의 육체를 성능 좋은 기계처럼 만들려고 한다.

이에 반해 존재양식에서 나는 자신을 세계와 대립된 것으로 보지 않고 세계와 자신이 긴밀하게 결합되어 있다고 느낀다. 존재양식에서 나는 다른 인간들이나 사물들과 대립되는 협소한 자아에서 탈피하여 다른 인간들과 사물들에 대해서 호의적인 태도를 취하게 되며 다른 인간들과 다른 사물들의 성장을 도우려고 한다. 이 경우 사람들은 자신이 살아 있다는 것 자체에서 충만한 만족을 느끼면서 인간을 비롯한 모든 자연물에 대해서 사랑을 느낀다. 프롬에게 사랑은 인간을 비롯한 자연의 생명과 성장에 대한 우리들의 적극적인 관심과 책임, 그리고 존경이다. 소위 사랑에 '존경'이 결여되어 있을 경우, 상대방에 대한 관심과 책임은 쉽게 지배와 소유로 타락한다. 존경한다는 것은 상대방을 있는 그대로 보고 그의 독특한 개성을 아는 능력이다. 이러한 존경은 상대방에 대한 통찰을 전제한다. 사랑은 상대방의 뜻을 다 받아들여 준다는 것이 아니며, 상대방의 왜곡된 심성과 그 원인까지 통찰하고 상대방이 그 왜곡된 심성의 틀로부터 자신을 해방시키도록 도와주는 것이다.

소유양식에서 행복은 타인에 대한 우위 속에, 자기의 힘 속에 그리고 궁극적으로는 정복하고 빼앗고 죽일 수 있는 자신의 능력 속에 있다. 이에 반해 존재양식에서 행복은 사랑, 공유 그리고 주는 행위 속에 있다. 프롬은 보통 우리 개개인에게 소유지향적인 성향과 존재지향적인 성향이 함께 존재한다고 보며 그 양자는 어느 한쪽이 강화되면 다른 한쪽이 약화되는 관계라고 본다. 이런 맥락에서 프롬은 다음과 같은 마르크스의 말을 인용하고 있다.

"당신의 '존재'가 희미하면 희미할수록 그리고 당신이 당신의

생명을 적게 표현하면 표현할수록, 당신은 그만큼 더 '소유'하

게 되고 당신의 생명은 그만큼 더 소외된다."

2) 시에 나타난 소유양식과 존재양식

소유양식과 존재양식은 인간의 근본심성을 규정하는 두 가지 방식이며 그중의 어떤 것이 우세하냐에 따라서 우리의 구체적인 사고와 행위는 전적으로 다른 성격을 갖게 된다. 따라서 소유양식과 존재양식의 차이는 시와 같은 예술작품에서도 드러난다. 우리는 흔히 시와 같은 예술작품은 모두 존재양식에서 비롯된 것으로 보기 쉽지만, 시도 시인이 소유양식과 존재양식 중 어느 것에 의해서 규정되어 있느냐에 따라서 다른 뉘앙스를 갖게 되는 것이다. 프롬은 이러한 사실을 19세기 영국의 시인인 테니슨의 시와 17세기 일본의 시인인 바쇼의 시를 비교하면서 드러내고 있다.

테니슨의 시는 다음과 같다.

갈라진 벼랑에 핀 한 송이 꽃,

나는 너를 틈 사이에서 뽑아 따낸다.

나는 너를 이처럼 뿌리째 내 손에 들고 있다.

작은 꽃 한 송이,

그러나 내가 너를, 뿌리와 너의 모든 것을, 그 모두를

이해할 수 있다면

신과 인간이 무엇인지를

이해할 수 있으련만.

프롬은 테니슨의 시에서 꽃은 지적인 소유의 대상이 되고 있다고 말한다. 테니슨은 꽃을 '뿌리째 뽑아내어서' 그것을 다 이해하려고 하지만, 이 경우 꽃의 신비로움과 경이로움은 간과되어 버리고 그것은 지적인 호기심의 대상으로 전락하고 있다. 프롬은 꽃에 대한 테니슨의 이러한 태도를 생명을 해체함으로써 그것의 진리를 파악하려는 서구의 과학자들의 태도와 유사한 것으로 본다.

테니슨의 시와 대립되는 태도를 보여주는 시로서 프롬은 17세기 일본의 시인인 바쇼의 시를 인용하고 있다.

가만히 살펴보니

냉이 꽃 한 송이가 피어 있다
울타리 옆에!

바쇼는 꽃을 꺾으려 하지 않고 그것을 가만히 바라보면서 그것의 신비로움과 경이로움을 온몸으로 느끼고 있다. 그는 꽃을 지적인 호기심의 대상으로 만들고 있는 것이 아니라 그것과 하나가 되고 있다. 꽃에 대한 바쇼의 태도는 중세 시대 기독교 신비주의자인 앙겔루스 실레지우스의 다음과 같은 시에서 보이는 태도와 유사하다고 할 수 있다.

장미는 이유 없이 존재한다.
그것은 피기 때문에 필 뿐이다.
장미는 그 자신에도 관심이 없고
사람들이 자신을 보는지도 묻지 않는다.

장미는 이유 없이 핀다. 이에 반해서 현대의 과학적 사유는 항상 사물의 근거를 따져 묻는다. 장미는 왜 피는지, 어떻게 하면 장미를 더 아름답게 꽃 피게 할 수 있는지를 묻는다. 이렇게 근거를 파악함으로써 우리는 장미를 우리의 통제 아래 두려고 한다. 그러나 근거에 대한 추구를 통해서 우리는 정작 장미 자체는 보지 못한다. 사람들이 보든 어떻든 호젓하게 빛을 발하고 있는 장미는 우리의 시야에서 사라져 버리고, 소위 장미를 가능하게 하는 조건들만이 우리의 시야에 들어온다. 과학적 사유는 사물의 조건과 근거를 따져 묻고 사물의 조건과 근거를 파악함으로써 사물을 지배하려고 한다. 예를 들어서 병이 일어나는 원인을 알 때 우리는 그 병을 다스릴 수 있다.

프롬은 테니슨의 시에 이러한 과학적인 소유정신이 침투해 있다고 본다. 이에 반해 바쇼의 시에서는 사물을 지배하지 않고 그것들을 온전하게 스스로 존재하게 하는 존재지향적인 정신이 보이고 있다.

3) 일상경험에 있어서 소유와 존재

삶의 소유양식과 존재양식은 우리가 사람들과 사물들에 관계하는 근본적인 방식을 가리키기 때문에, 우리가 관계하는 모든 것들은 소유양식과 존재양식에서 각각 다르게 나타

나게 된다. 소유양식에서는 모든 것, 즉 우리가 일상생활에
서 사용하는 물건들과 재산·의례·선행·지식·사상 등이
다 소유의 대상으로 나타난다. 이 경우 그것들은 그 자체로
서는 나쁘지 않은데 나쁘게 변한다. 즉 우리가 그것들을 소
유의 대상으로 보면서 집착할 때 그것들은 우리의 자유를
해치는 쇠사슬이 되며 우리의 자기실현을 방해하는 것이 된
다. 이에 대해서 존재양식에서 우리는 그것들과 능동적으로
관계하고 교감하면서 서로 창조적으로 하나가 된다. 프롬은
학습이나 대화나 지식 그리고 권위나 종교 등과 같은 삶의
모든 현상이 소유양식이나 존재양식 각각에서 어떻게 나타
나는지를 고찰하고 있다.

(1) 학 습

삶의 소유양식에 규정되어 있는 학생들은 시험에서 좋은
성적을 받기 위해서 강의를 열심히 들으면서 가능한 한 강
의의 내용 전체를 노트에 기록하고 암기하려고 한다. 그러
나 그 내용이 그들 자신의 개인적인 사상체계의 일부가 되
어 그것을 풍요롭게 하거나 확장시키진 못한다. 학생들은

그 대신에 그들이 들은 말을 사상이나 전체적인 이론의 고
정된 몇 가지 집합으로 변모시켜 그것을 저장한다. 이들 소
유형의 사람들은 어떤 주제에 관한 새로운 사상이나 관념
에 접하면 당황하게 된다. 왜냐하면 새로운 것은 그들이 가
지고 있는 고정된 정보에 의문을 제기하기 때문이다. 실제
로 소유를 세계와 관계하는 주요한 형태로 삼고 있는 사람
에게는, 성장하고 변화하며 따라서 지배할 수 없는 다른 모
든 것과 같이 쉽게 핀으로 고정시킬 수 없는 관념은 두려운
것이다.

이에 반해 세계에 대해서 존재양식으로 관계를 맺고 있는
학생은 강의를 들을 때 말과 관념의 수동적인 저장소가 되
지 않고 귀를 기울이면서 '듣는다.' 이들은 강의의 내용에 능
동적이고 생산적으로 '반응한다.' 새로운 의문, 새로운 관념,
새로운 전망이 그들 머릿속에 생긴다. 그들은 단순히 정보
를 습득하는 것이 아니라 강의를 통해서 영향을 받고 변화
하는 것이다. 그들은 강의를 들은 후에 듣기 전의 자신과는
다른 인간이 된다. 존재양식에서는 공허한 이야기는 아무런
반응도 얻을 수 없으며, 존재양식을 가지고 있는 학생들은

그러한 이야기에는 전혀 귀를 기울이지 않고 그들 자신의 사고과정에만 전념한다.

(2) 대 화

대화가 소유양식에 따라서 이루어질 경우, 중요한 것은 대화의 당사자들이 자신의 의견을 상대방의 논박으로부터 '지키는' 것이다. 따라서 이들은 자기의 의견을 바꾸거나 상대방의 의견이 달라지기를 기대하기 않으며 자신의 의견을 강화하기 위해 보다 더 그럴듯한 논거를 발견하는 데 열중한다. 이들에게는 자신의 의견이 자신의 소유물이며 따라서 그것을 상실하는 것은 자신의 빈곤을 의미하는 것이기 때문에 이들은 자기 자신의 의견이 변하는 것을 두려워한다. 이 경우의 대화란 사실은 진정한 의미에서의 대화가 아니며 하나의 논쟁에 불과하다.

이때 사람들은 자신의 의견이나 사상의 주인인 것 같지만 사실은 그러한 의견과 사상에 자신의 존재를 의탁하고 있으며 그것들에 예속되어 있다고 보아야 할 것이다. 사람들은 자신의 의견이나 사상이 반박되면 자신의 존재도 반박되고 부정된다고 생각하면서 그러한 의견이나 사상을 지키기 위해서 자신을 바치는 것이다. 이러한 사람들은 무엇보다도 특정한 종교적인 신조나 정치적 이데올로기를 광신적으로 신봉하는 사람들에게서 쉽게 발견된다.

이에 대해서 진정한 대화에서는 사람들은 자신의 의견을 지키기 위해서 자신을 무장하는 것이 아니라 자유롭고 개방적인 자세로 대화에 임한다. 그들은 상대방의 말에 자발적이고 생산적으로 반응한다. 그들은 자신이 이미 가지고 있는 지식이나 지위에 관해서도 잊어버린다. 그들은 기존의 자신의 자아에 의해서 방해를 받지 않는다. 그들이 상대방의 생각에 충실하게 반응할 수 있고 새로운 관념을 만들어낼 수 있는 것은 이렇게 아무것에도 집착하지 않기 때문이다.

소유양식의 대화에서 사람들은 상대방을 '이김으로써' 자신의 자만심을 충족시키고 다른 사람들에 대해서 자신을 내세우는 데 열중하는 반면에, 존재양식의 대화에서 사람들은 다른 사람들의 의견을 허심탄회하게 고려함으로써 자신을 풍요롭게 하는 데 열중한다. 그들은 자신이 가지고 있는 것을 잃을까봐 걱정하지 않으므로 대화할 때 극히 활기를 띤다. 그들의 활기는 전염되기 쉽기 때문에 상대방이 자신의 폐쇄된 에고를 초월하는 데 도움이 된다.

"이리하여 대화는 상품(정보, 지식, 지위)의 교환에만 그치지 않으며 또한 누가 옳은가 하는 것은 이미 문제가 되지 않는 대화가 된다. 대화에 참여하는 사람들은 함께 춤추기 시작하며 승리 혹은 슬픔—둘 다 무익하다—을 가지고 헤어지지 않고 기쁜 마음으로 헤어진다."

(3) 독 서

대화에 대해서 말할 수 있는 것을 우리는 독서에 대해서도 똑같이 말할 수 있다. 독서는 저자와 독자 사이의 대화이기 때문이다. 소설을 읽을 때 흔히 사람들은 소유 내지 소비의 양식에 따라서 읽는다. 독자들은 주인공이 사느냐 죽느냐 여주인공이 유혹당하느냐 저항하느냐에 관심을 쏟으면서 결말을 알고 싶어 한다. 소설은 그들을 흥분에 휩싸이게 하는 자극제의 역할을 한다. 행복하거나 불행한 결말에 의해서 그들의 경험은 절정에 달한다. 그들이 결말을 알았을 때 그들은 마치 자신의 경험에서 그 결말을 찾아낸 것처럼 현실적인 전체 스토리를 '소유'한다. 그러나 그들은 소설 속의 인물을 이해하지 못하며, 따라서 인간성에 대한 자신의 통찰력을 심화시키지 못하게 된다.

철학이나 역사와 같은 것을 주제로 하는 책에 대해서도 우리는 동일하게 말할 수 있다. 학교는 개개의 학생에게 어느 정도의 '문화적 재산'을 소유하게 하면서 학교교육이 끝날 때는 학생들이 적어도 그 최소량을 '가지고 있음'을 증명하는 것을 목표한다. 학생은 저자의 주요사상을 암송할 수 있는 독서교육을 받는다. 이른바 우수한 학생이란 여러 철학자들이 말한 것을 가장 정확하게 암송할 수 있는 학생이다. 이들이 배우지 않는 것은 이렇게 소유의 대상이 될 수 있는 지식을 초월한 것이다. 그들은 철학자들에게 질문하고 그들과 말하는 법을 배우지 않는다. 그들은 철학자 자신의 모순과 그들이 어떤 문제를 무시하거나 쟁점을 회피하고 있는 것을 알아차리는 법을 배우지 않는다. 그들은 책의 저자가 진짜인지 가짜인지 알아내는 법도 배우지 않는다.

이에 반해서 존재양식을 가지고 있는 독자는 가끔 높은 평가를 받고 있는 책조차도 전혀 가치가 없거나 극히 제한된 가치밖에 없다는 결론에 도달하곤 한다.

(4) 권위의 행사

권위의 행사에도 소유양식이 있고 존재양식이 있다. 존재양식에 따라서 행사되는 권위는 합리적 권위인 반면에 소유양식에 따라서 행해지는 권위는 비합리적인 권위이다. 합리적 권위에서는 권위를 갖는 자와 복종하는 자는 본질적으로 평등하며 양자는 단지 특정한 분야에 대한 지식과 능력에서만 구별된다. 이에 반해 불합리한 권위에서는 양자는 본질적으로 불평등하고 상이한 가치를 갖는 것으로 간주된다. 비합리적 권위는 힘에 바탕을 두고 있으며 그것에 종속된 사람을 착취하는 데 도움이 된다. 비합리적인 권위에 의해서 조직된 계급사회에서는 대부분 권위의 소외과정이 일어난다. 능력이나 인격 대신에 제복이나 칭호가 권위를 대신하게 되는 것이다.

합리적인 권위는 이성적 통찰과 능력에 바탕을 두고 있으며 그것은 그것에 따르는 사람의 성장을 돕는다. 합리적 권위의 소유자는 그에게 권위를 부여해준 사람들이 위임한 직무에서 합당한 역할을 수행한다. 그는 사람들을 위협하려고도 하지 않으며 매혹적인 자질로 사람들의 감탄을 불러일으키려고도 하지 않는다. 오히려 그는 자신을 따르는 사람들이 자신에 대해서 음미와 비판을 하도록 허용할 뿐 아니라 그렇게 해주기를 요청하기조차 한다.

"'존재' 권위being-authority는 한 개인이 어떤 사회적 기능을 수행할 수 있는 능력에 바탕을 두고 있을 뿐 아니라 고도의 성장과 통합을 달성한 퍼스낼리티의 본질 그 자체에도 바탕을 두고 있다. 그런 인물은 권위를 방사放射할 뿐 명령을 내리거나 협박하거나 매수할 필요가 없다."

그들은 현란한 치장이나 의례를 통하지 않고 자기를 있는 그대로 표현하며 인간이 무엇일 수 있는지를 보여주는 고도로 계발된 사람들이다. 부처나 예수와 같은 위대한 '인생의 교사들'은 이러한 사람들이었다. 또 그들만큼 완성되어 있지는 않더라도 그들에 버금가는 인물들을 우리는 교육 분야를 비롯하여 다양한 문화 분야에서도 찾아볼 수 있다.

프롬은 만일 교육자들이나 어버이들이 이러한 합리적 권위의 소유자들이라면 권위주의 교육과 방임주의 교육 사이의 대립 따위는 거의 존재하지 않을 것이라고 말하고 있다. 아이들뿐 아니라 모든 인간은 이러한 '존재' 권위를 항상 원하기 때문에 그러한 권위의 소유자를 접하면 대단한 열의를 갖고 그들에게 반응한다. 한편 아이들이라도 아이들에게는 노력을 요구하면서도 자신은 노력하지 않는 사람이 가하는 압력이나 방임과 '과잉보호'에는 반항한다.

(5) 지 식

현대에서 지식은 하나의 정보를 소유하고 있는 상태로 간주되고 있다. 이에 반해 부처, 예수, 마이스터 에크하르트, 프로이트, 마르크스 같은 사람들에게는 인식이란 단순한 정보획득의 차원을 넘어서 인간이 진정한 인간으로 변화되는 과정을 의미한다. 이들에 따르면 인식은 우리의 일상적인 지각의 기만성을 깨닫는 것에서부터 시작된다.

우리는 일상적으로 대부분의 경우 반은 깨어 있고 반은 꿈꾸고 있으며, 참되고 자명하다고 생각하는 것의 대부분이 우리가 살고 있는 사회의 암시적인 힘에 의해서 생긴 환상임을 모르고 있다. 인식은 따라서 환상을 쳐부수는 것, '환상에서 깨어나는 것'에서 시작된다." 인식은 현실을 있는 그대로 '보는' 것을 의미하며 인간이 거듭나는 것을 의미한다. 이러한 인식은 진실을 소유하는 것을 의미하지 않으며 끊임없이 진실에 보다 더 가까이 접근하기 위해서 표면을 꿰뚫고 비판적이면서도 능동적으로 노력하는 것을 의미한다. 즉 그것은 인간이 소외된 상태로부터 벗어나 독립적이고 자주적인 인간이 되는 것이다.

존재양식에서 인식이 이와 같이 '더 깊이 아는 것'이라면 소유양식에서의 인식은 지식을 '더 많이 소유하는 것'이다. 우리의 교육은 일반적으로 사람들이 더 많은 지식을 소유물로 '갖도록' 훈련하는 데 애쓰고 있으며, 그 지식은 그들이 후일 갖게 될 재산이나 위신의 양과 대체로 비례한다. 그들이 교육받는 것은 최소한 그들이 사회에서 일을 하고 처신하는 데 불편이 없을 만큼의 양이다. 여기에 덤으로 그들 각자에게 자존심을 높이기 위한 '사치스러운 지식을 모은 꾸러미'가 주어지는데, 각자의 꾸러미의 크기는 그 인물이 얻게 될 사회적 위신과 일치한다. 학생들은 인도의 사상과 예술에서부터 실존주의와 초현실주의에 이르기까지 방대한 지식의 메뉴를 제공받으며, 여기저기서 조금씩 영양을 섭취하고 자발성과 자유의 미명 아래 하나의 주제에만 집중하도록 강요받지 않는다. 그리고 한 권의 책을 완전히 통독하는 것조차 강요받지 않는다.

(6) 종 교

존재양식에서 종교적 믿음은 어떤 확고하게 정립된 교의나 관념이나 사제나 권력자에 대한 믿음이 아니라 진정하게 절대적이고 무한한 것으로 귀의하는 것이며 이러한 무한하고 절대적인 것과의 합일을 통하여 인간 역시 신과 같이 절대적이고 무한한 존재로 고양되는 것을 의미한다. 즉 이러한 신앙은 인간 자신 속에 있는 신적 자질에 대한 내적 경험이다. 그것은 능동적인 자기창조 내지 마이스터 에크하르트 식으로 말하면 그리스도가 부단히 우리의 내부에서 태어나는 과정이다. 이러한 신앙은 나 자신의 내적인 경험에 입각한 확신이며 어떤 것을 믿도록 명령하는 권위에 대한 복종에 근거하는 것은 아니다.

프롬은 인간을 근본적으로 신적인 존재로서, 즉 무한한 신성을 갖는 자로서 생각하고 있으며 따라서 이러한 무한한 신성을 실현하는 것을 인간의 사명으로 보고 있다. 이러한 무한한 신성은 무한하기에 어떠한 대립자도 갖지 않으며 인간이 그것을 실현할 경우에는 모든 사물들과 조화를 이루고 그러한 사물들이 자신의 진정한 본성을 실현하는 것을 도울 수 있게 된다. 인간은 이러한 무한한 신성에 고행이나 외면적인 종교적인 의례를 통해서 도달할 수는 없다. 고행이란 이미 자신의 육체에 대한 고행이며 그것은 육체를 적대시하는 방식으로 이미 자신의 대립자를 가지고 있기 때문에 자신의 대립자를 전혀 갖지 않는 무한한 신성에 도달하는 길이 될 수는 없다.

우리 인간은 항상 자신의 대립자를 갖는 유한한 것들을 갈망하거나 집착함으로써 자신을 유한하게 만들고 이를 통해서 자신의 본래적인 무한한 신성을 은폐하고 있다. 인간은 신이 자신 안에서 활동하도록 자신을 철저히 비우지 않으면 안 된다. 이를 에크하르트는 '자기'를 버린다고 말하고 있다. 이 경우의 자기는 자신과 분리되어 있는 다른 존재자들을 갖는 유한한 존재자이며 결코 인간의 본래적인 '자기'인 무한한 신성은 아니다. 이러한 자아는 우리 자신이 가장 소중하게 여기는 일종의 재산으로 간주되며 신체, 이름, 사회적 지위, 지식, 소유물, 자기 자신에 대해서 갖고 있는 이미지, 타인이 자기에 대해 갖기를 바라는 이미지 등을 내포하고 있다. 따라서 인간이 모든 갈망을 버린다는 것은 달리 말하면 이러한 유한한 자기, '비본래적인 자기'에 대한 모든 동일시에서 벗어난다는 것을 의미한다.

인간이 자신이 소유하고자 하는 것과 자신을 동일시하면서 그것에 얽매이는 그만큼, 달리 말하면 자신과 그 소유물을 동일시하는 그만큼 인간의 자유는 제약 당한다. 인간이 자신이 소유하던 기업이 망했다고 자살할 경우, 그는 자신과 이 기업을 동일시한 것이고 이 기업의 소멸을 자신의 소멸로 생각하는 것이다. 그러나 이는 본래 무한한 자기를 유한한 사물과 동일시함으로써 자신을 왜소하게 만드는 것이다.

더 나아가 에크하르트는 모든 의지를 버릴 것을 주장하는데 이 경우 의지는 인간이 그것에 의해서 '움직여지는' 의지, 즉 갈망과 동일한 뜻이다. 따라서 에크하르트는 더 나아가 신을 열망해서도 안 된다고 말하고 있다. 왜냐하면 그것도 신을 자신의 것으로 하려는 일종의 갈망이기 때문이다. 인간이 신이든 사물이든 어떤 것을 갈망하는 한 인간은 그것과 구별되고 고립되어 있는 '자기'를 상정한다. 그리고 그 경우 신은 인간의 갈망의 대상으로서, 인간과 구별된 유한한 것이 되고 말며 신의 무한한 신성은 제거되고 만다. 신은 소유될 수 있는 존재자로 간주되고 유한한 우상으로 전락하는 것이다. 인간은 신에 대한 갈망조차 버림으로써 신의 무한한 신성이 자신을 드러내도록 하지 않으면 안 된다.

프롬은 존재양식에 부합되는 종교의 가장 좋은 본보기로 초기 불교를 들고 있다. 불교의 가르침에 따르면, 인간은 자신의 한계를 깨달아야 하는 한편 자기 안에 있는 힘도 자각해야만 한다. 깨달은 자가 도달하게 되는 마음의 상태인 열반은 무력함과 굴복의 상태가 아니라 인간이 가지고 있는 최고의 힘을 발달시킨 상태이다.

　그런데 프롬은 불교의 본질을 이와 같이 우상숭배의 파괴와 각 개인의 무한한 신성의 자각에서 찾지만, 기독교의 본질도 그러한 데서 찾고 있다. 구약성서의 하느님은 무엇보다도 우상을 부정한다. 하느님에 대해서는 이름이 있어서는 안 되며 어떠한 상이 만들어져서도 안 된다. 이는 항상 유한하고 상대적인 것만이 이름과 규정된 상을 갖기 때문이다. 유태교 및 기독교가 발전하는 동안 신의 완전한 비우상화를 달성하려는 시도, 즉 신의 속성을 말할 수 없는 것으로 보는 부정신학적否定神學的 태도를 통하여 우상화의 위험과 싸우려는 시도가 행해졌다. 존재양식의 종교가 유신론적인 경우에 신은 인간이 자신의 삶 속에 실현하려고 하는 '인간 자신의 힘'의 상징이며, '인간을 압제하는 힘'을 지닌 권력이나 지배의 상징이 아니다.

　이에 반해서 소유양식에서 종교는 우상에 대한 숭배가 된다. 존재양식에서 신 내지 절대자는 우리가 우리 자신의 내부에서 경험할 수 있고 정의와 사랑과 지혜를 자신의 본질로 갖는 무한한 신성의 상징이지만, 소유양식에서 그것은 우상이 된다. 이 경우 신은 우리 자신에게 깃들어 있는 무한한 신성이 아니라, 어떤 특정한 민족이나 종족만을 사랑하며 이들에게 그러한 사랑의 대가로 자신에 대한 무조건적인 충성을 요구하고 특정한 계율이나 신조를 강요하면서 사람들이 그것들을 제대로 지키고 숭배하는지를 감시하는 자로 나타나거나, 자본주의 사회에서처럼 모든 것을 구입할 수 있는 힘을 주는 돈 혹은 독일민족과 같은 특정한 민족이나 프롤레타리아와 같은 특정한 계급으로 나타나게 된다. 이러한 우상숭배에서 사람들은 자신의 이성적이고 창조적인 능력을 믿는 것이 아니라 이미 확립된 종교적인 교의 체계나 이데올로기 혹은 우상과 일반인들을 매개하는 사제나 지도자들에 의존하게 된다.

신이 어떤 특정한 민족이나 부족만을 사랑하는 존재로 간주될 때 그러한 우상과 인간들을 매개하는 역할을 맡는 사제들이 존재하며, 돈이 절대화될 때 그러한 돈과 인간들을 매개하는 자본가들이 존재하고, 민족 내지 계급이 절대화되면 그러한 추상적인 실체로서의 민족이나 계급을 구체적인 인간 개개인에게 매개하는 정치가들이 존재하게 되며 그들은 신의 대리자로서 권력을 장악하게 된다. 사제계급이나 자본가들 그리고 정치가들은 일반인들의 노동에 의존하고 있음에도 불구하고 사람들은 그들을 신격화시키면서 그들에 복종하게 된다.

이를 통해서 사람들은 자신의 독립성과 자유 그리고 사고의 개방성을 상실하게 된다. 인간이 유한한 우상에 귀의하고 그것에 복종한다는 것은 자신의 무한한 창조적인 능력을 망각하고 자신을 유한한 것으로 만드는 것을 의미한다. 사람들은 우상과의 합일을 통하여 안정과 힘을 얻었다고 확신할지 모르나 사실은 자신을 유한한 존재로 전락시킴으로써 자신을 약화시키고 의존적인 존재로 만드는 것이다.

아울러 유한한 것은 항상 상―대相-對적이기 때문에 그것은 자신과 비교되는 대립물을 갖는다. 예를 들어 유태민족만을 사랑하는 편협한 신은 다른 민족들이 섬기는 신과 대립되며 그러한 신을 섬기는 민족은 다른 민족들과 대립하게 된다. 따라서 유한한 것이 절대화되면 그것은 그것에 맞서는 모든 것들과 대립할 수밖에 없기 때문에 우상숭배의 역사는 자신들과는 다른 모든 것들을 억압하고 파괴하는 잔혹의 역사이다. 우상은 그것을 숭배하는 자들에 의해서는 '자비로운 신'

으로 찬양될지 모르나 어떠한 잔학행위가 그의 이름으로 자행될지 모르는 것이다.

존재양식의 종교는 인간과 인간의 힘 그리고 인간이 이상으로 여기는 가치들인 이성과 사랑 그리고 정의를 중심으로 삼는다. 이러한 종교에서 인간 삶의 목적은 자신의 무력함을 깨닫고 전능한 신에게 자신을 내맡기는 것이 아니라 자신의 최대의 힘을 달성하는 것이다. 미덕은 복종이 아니라 자기실현에 있다. 소유양식의 종교에서는 자신이 신적인 계율이나 명령을 제대로 이행하지 못하고 있을까 두려워하는 비애와 죄악감이 지배적인 반면, 존재양식의 종교에서는 자신의 무한한 힘에 대한 신뢰와 그것을 실현했을 때의 기쁨이 지배적이다.

프롬은 불교를 존재양식의 대표적인 종교로 보고 있다. 그러나 프롬은 불교 외에도 예수, 이사야, 노자와 장자, 소크라테스, 스피노자, 유태교나 기독교의 어떤 경향(특히 신비주의), 프랑스 혁명 당시의 이성 종교 등을 존재양식의 종교의 예로서 들고 있다. 따라서 소유양식의 종교와 존재양식의 종교의 차이는 유신론과 무신론의 차이가 아니다.

(7) 사 랑

　존재양식에서의 사랑이란 생산적인 능동성이다. 그것은 어떤 인물, 어떤 나무, 그림, 관념 등을 존중하고 그것에 능동적으로 반응하며 향유하는 것이다. 그것은 생명을 주는 것을 의미하며 그것의 생명력을 증대시키는 것을 의미한다. 그것은 또 한편으로는 그러한 사랑의 행위를 통해서 자신을 갱신하고 자신을 증대시키는 것을 의미한다. 이에 대해서 소유양식에서의 사랑은 자기가 사랑한다고 생각하는 대상을 구속하고 감금하고 지배하는 것을 의미한다.

　"그것은 생명을 주는 것이 아니라 압박하고 약화시키며 질식시켜 죽이는 행위이다. 사람들이 사랑이라 '부르는' 것은 대개가 그들이 사랑하고 있지 않다는 현실을 숨기기 위한 말의 오용誤用이다. 얼마나 많은 어버이가 자식을 사랑하고 있는지는 확실하지 않다. 로이드 드 모스Lloyd de Mause가 밝힌 바로는 과거 2천 년간의 서양역사 속에서 보고된 육체적 고문에서 정신적 고문에 이르는 자식에 대한 잔혹행위, 무관심, 완전한 소유 그리고 사디즘이 너무나도 충격적이기 때문에 자식을

사랑하는 어버이는 통례라기보다 오히려 예외라고 믿어야
할 정도이다.”

결혼에 대해서도 서로 진정으로 사랑하고 있는 부부는 예
외처럼 보인다. 실은 사회적인 편의, 관습, 상호의 경제적
이해, 자식에 대한 공동의 관심, 상호의존, 또는 상호증오나
공포 등에 의해서 결합되어 있으면서도 의식차원에서는 ‘사
랑’으로서 경험된다. 흔히들 남녀 간의 사랑이 이야기될 때
‘사랑에 빠진다’는 표현을 쓰나 프롬은 그러한 표현이 갖는
모순성을 지적하고 있다.

“사랑이 생산적인 능동성인 이상 우리는 사랑 속에 ‘있거나’
사랑 속을 ‘걸을’ 수 있을 뿐이며 사랑에 ‘빠질’ 수는 없다. 왜
냐하면 빠진다는 것은 수동성을 의미하기 때문이다.
구애求愛기간 중에는 어느 쪽도 아직 상대방에게 자신이 없기
때문에 각자가 상대방을 자기 것으로 삼으려고 노력한다. 양
쪽 다 살아 있어 매력적이고 흥미를 끌며 아름답기까지 하다
―살아 있는 상태는 항상 얼굴을 아름답게 만드니까. 어느

쪽도 상대방을 '소유'하고 있지는 않다. 따라서 각자는 '존재', 즉 상대방에게 주고 상대방을 자극하는 데 정력을 쏟는다. 많은 경우 결혼이라는 행위에 의해서 사태가 근본적으로 변한다. … 이미 상대방은 자신이 '소유'하고 있는 어떤 것, 즉 하나의 재산이 되었기 때문에 상대방의 환심을 사려고 노력할 필요가 없다. 두 사람은 사랑스러운 인간이 되려고 노력하거나 사랑을 연출하려고 하지 않는다. 따라서 그들은 권태를 느끼게 되며 옛날의 아름다움은 사라지고 만다. … 대개의 경우 각자 상대방 속에서 변화의 원인을 찾으며 속았다는 느낌을 갖는다. 그들은 서로가 사랑할 때의 그들과 똑같은 사람이 아니라는 것을 알지 못한다. 즉 사랑을 '소유'할 수 있다는 생각 때문에 그들은 서로를 진정하게 사랑할 수 없게 되었다는 사실을 알지 못한다. 이제 그들은 서로 사랑하는 대신에 그들이 가지고 있는 것, 즉 돈, 사회적 지위, 가정, 자식의 공동소유로 만족한다. … 그것은 두 개의 자기중심주의를 하나의 합동자본으로 삼은 회사, 즉 '가정'이라는 회사인 것이다."

사람들은 새로운 파트너를 통해서 사랑의 감정을 회복하

려고 시도할지도 모르나 그들이 상대방을 소유하려고 하는 태도를 버리지 않는 한 그들의 사랑은 사랑에 '빠지는' 형태를 취할 수밖에 없으며 자신과 상대방을 인격적으로 고양시키는 능동적인 사랑이 될 수는 없다. 사랑에 빠진다는 것은 많은 경우 귀한 물건에 반하고 그것을 자기 것으로 하고 싶은 욕망과 다를 바 없는 것이다.

4) 구약성서와 신약성서에서 소유와 존재

프롬은 구약성서의 주요한 주제 중의 하나가 '네가 소유하고 있는 것을 버리고 모든 속박으로부터 네 자신을 해방하라, 그리고 존재하라'는 것이라고 본다.

그 첫 번째 증거를 프롬은 유태민족의 역사가 유태민족의 최초의 영웅인 아브라함에게 신이 내린 명령, 즉 "너는 너의 나라와 친척과 아버지의 집을 떠나 내가 너에게 지시할 땅으로 가라"는 명령에서 시작된 사실에서 찾고 있다. 아브라함은 자신이 소유한 땅과 씨족을 버리고 미지의 곳으로 향해야만 했다. 그러나 그의 후손들은 새로운 땅에 정착하고 새로운 씨족 관계를 형성하는 과정에서 고난을 함께 함으로써 더욱 긴밀한 유대감을 갖게 된다. 유태민족의 두 번째 영웅인 모세 역시 신으로부터 자기 민족을 그들의 고향이 되어 버린 이집트에서 해방시켜서 황야로 가도록 명령을 받는다. 이 경우 황야는 재산을 소유하지 않는 삶을 상징하고 있다.

아브라함과 모세뿐 아니라 구약성서의 예언자들은 유태민족이 땅에 지나치게 집착하여 자유로운 사람들로서 살 수가 없게 되었을 때 그 땅에서 추방당하게 될 것이라고 예언했다.

프롬은 모세가 신에게서 받은 십계명 중의 한 계율인 안식일을 지키라는 계율도 소유양식에서 벗어나 존재양식을 지향하라는 명령으로 해석하고 있다. 안식일은 육체적으로나 정신적으로 아무 일도 하지 않고 휴식을 즐기는 날을 의미하는 것이 아니라 인간들 사이의 그리고 인간과 자연 사이의 완전한 조화를 회복하는 날을 의미한다. 이 날에는 아무것도 파괴되어서는 안 되고 아무것도 건설되어서도 안 된다. 안식일은 세계와 인간 사이의 싸움이 중단되고 평화와 화해가 지배하는 날이다. 안식일에 사람들은 아무것도 소유하지 않은 것처럼 생활하며, 기도하고 공부하고 먹고 마시며 노래하고 사랑하면서 '존재' 이외의 아무것도 추구하지 않는다.

프롬은 신약성서는 소유양식을 극복하려는 구약성서의 정신을 더 철저하게 구현하고 있다고 본다. '원수를 사랑하라'는 예수의 가르침은 '네 이웃을 사랑하라'는 구약성서의 가르침보다도 더 철저하게 타인에 대해서 관심을 갖고 이기심을 완전히 버릴 것을 요구하고 있다. 더 나아가 예수는 무소유를 가르치고 있다.

"너희는 자신을 위해서 재물을 땅에 쌓아 두지 말라. 땅에서는 좀이 먹고 녹이 슬어 없어지며 도둑이 뚫고 들어와 훔쳐 간다. 그러므로 너희 재물을 하늘에 쌓아 두라. 거기는 좀이 먹거나 녹이 슬어 없어지는 일이 없고 도둑이 뚫고 들어와 훔쳐 가지 못한다. 너희의 재물이 있는 곳에 너희의 마음도 있는 것이다."

프롬은 예수가 광야에서 40일 동안 수행한 후 악마가 예수를 시험하는 이야기를 소유양식과 존재양식 사이의 대결을 그리는 이야기로서 해석하고 있다. 악마는 물질적 소비와 자연 및 인간에 대한 권력의 원리를 대표하는 자인 반면에, 예수는 '존재'의 대표자요, 소유하지 않는 것이 '존재'의 전제가 된다는 사상의 대표자이다.

예수가 광야에서 경험한 최초의 시험은 돌을 빵으로 바꾸어 놓으라는 것인데 이것은 예수에게 아직 존재하고 있던 물질에 대한 갈망을 상징적으로 표현하고 있다. 이러한 유혹에 대해서 예수는 이렇게 대답한다. 사람이 빵으로만 사는 것이 아니라 하나님의 입으로 나오는 모든 말씀으로 사는 것이다. 그러자 악마는 예수를 성으로 데려가 성전 꼭대기에 세우고 뛰어내리라 하면서 예수가 하나님의 아들이라면 하나님의 사자들이 예수를 손으로 받들어 발이 돌에 부딪히지 않게 할 것이라고 시험한다. 즉 악마는 예수에게 중력의 법칙으로 상징되는 자연법칙에 의해 지배되지 않고 자연을 완전히 지배할 수 있는 힘을 주겠다고 약속한다. 그리고 마지막으로 무한한 힘, 즉 지상의 모든 왕에 대한 지배권으로 예수를 시험하지만 예수는 이에 응하지 않는다.

5) 마이스터 에크하르트의 소유개념과 존재개념

(1) 에크하르트의 소유개념

프롬은 이러한 예수의 정신을 신학적으로 전개한 사상가를 대표적인 기독교 신비주의자인 마이스터 에크하르트라고 보고 있다. 성서는 "마음이 가난한 자는 복이 있다. 하늘나라가 그들의 것이다"라고 말하고 있다. 마이스터 에크하르트는 이 경우의 마음의 가난함에 대해서 논하고 있는데 그는 이것을 단순히 물질적인 빈곤과 같은 '외면적인' 빈곤을 넘어서 '내면적인' 빈곤, 즉 '아무것도 원하지 않고 아무것도 알지 못하고 아무것도 갖고 있지 않는 상태'를 의미하는 것으로서 해석하고 있다. 에크하르트는 아무것도 원하지 않는 상태를 고행이나 외면적인 종교적 실천으로 이해하는 사람들을 비판한다. 그는 이러한 사람들을 아직 이기적인 자아에 대한 집착을 버리지 못한 사람들로 간주한다.

"이러한 사람들은 외관으로는 성자와 같다는 평판을 얻지만 내면에서는 그들은 바보이다. 그들은 신성한 진리의 참뜻을 모르고 있기 때문이다."

에크하르트가 내면적인 빈곤을 '아무것도 알지 못하고 있는 상태'라고 말할 경우, 그는 우리가 지식을 우리에게 안정감을 주는 하나의 소유물로 보아서는 안 되며 그것에 매달리거나 그러한 지식을 갈망해서는 안 된다고 말하려는 것이다. 지식은 도그마의 성격을 띠어서는 안 된다. 그것은 우리를 노예로 만든다. 신은 우리가 확정된 교리를 통해서 언표할 수 있는 존재자가 아니다. 우리가 그것을 확정하는 순간 그것은 이미 신이 아니고 우상이다. 따라서 우리는 신에 대한 모든 지식을 버리고 '신'이 인간 안에서 행동할 수 있도록 해야 한다. 에크하르트는 이렇게 말하고 있다.

"인간은 아무것도 '소유하지' 말아야 한다는 말은 무엇을 의미하는가? … '신'을 받아들일 만한 거소居所가 되고, '신'이 행동하기에 적합한 거소가 되기 위해서 인간은 내적으로나 외적으로 모든 '자신의' 소유물과 '자신의' 행동으로부터 자유로워야 한다는 것이다. … 만일 인간이 물건이나 생물 혹은 그 자신이나 신을 포기했는데 신이 여전히 인간 속에서 자신이 행동할 수 있는 장소를 발견할 수 있다면 나는 이렇게 말할 것

이다. 그 '장소'가 존재하는 한 이 인간은 가장 직접적인 빈곤
에도 불구하고 가난하지 않다고 말이다."

(2) 에크하르트의 존재개념

에크하르트는 '존재'를 서로 관련은 있지만 다른 두 가지
뜻으로 사용하고 있다. 하나는 협의의 심리학적인 의미로
사용하고 있는데 이 경우에 존재는 인간을 움직이는 실제적
인 동인이지만 흔히 의식되지 않고 있는 동인이며 그것은
의식적인 행위나 의견과 대조되는 것이다. 이 경우 존재는
가상 내지 '보이는 것appearing'과 대비되는 의미를 갖는다. 만
약 내가 친절한 것처럼 보이지만 나의 친절이 착취성을 감
추는 가면에 불과하다면 나의 외관, 즉 겉으로 드러난 행동
은 나를 움직이는 진정한 힘과는 심한 모순을 이루고 있는
것이다.

나의 행동이 나의 성격과 다를 경우, 나의 성격구조가 행
동의 진정한 동기이며 그것이 나의 현실존재를 구성하고 있
다. 나의 행동이 부분적으로는 나의 성격, 즉 나의 존재를
반영할지 모르지만 그것은 보통은 나 자신의 목적을 위해

쓰는 가면이다. 이런 점에서 프롬은 행동주의를 비판하고 있다. 행동주의는 이 가면을 신뢰할 만한 과학적인 자료로 다루고 있기 때문이다.

행동과 성격의 엇갈림, 가면과 그것이 가리는 현실 사이의 괴리는 프로이트의 정신분석이 드러낸 중요한 사실이다. 우리의 의식적인 동기, 관념, 신조는 거짓된 정보, 편견, 비합리적인 정열, 합리화, 선입관의 혼합물이다. 그 속에 진실의 작은 조각들이 여기저기 부유浮游하면서 모든 혼합물이 올바르고 진실된 것이라는 거짓된 확신을 심어주고 있을 뿐이다. 사고과정은 이러한 환상의 구성물을 논리와 가식의 법칙에 따라서 조직화하려고 한다. 무의식은 근본적으로는 사회에 의해 결정되고 사회는 비합리적인 정열을 낳으며 그 구성원들에게 갖가지 허구를 공급해 주고 나아가서는 진실을 사이비합리성의 포로로 만들고 만다. 실제로 우리 에너지의 상당 부분이 의식되지 않은 동인을 우리 자신으로부터 감추기 위해서 소비되고 있다.

에크하르트는 인간행동의 은밀한 동인, 즉 가장 깊이 숨겨진 이기심과 의도 그리고 감사와 보상을 바라는 마음을 폭로하고 비판했던 영혼에 대한 천재적인 분석가였다. 에크하르트의 이러한 분석은 프로이트의 작업을 선취하는 것이라고 볼 수 있다. 에크하르트는 "사람은 자기가 무엇을 '해야 하느냐'보다도 자기가 무엇으로 '존재하는가'를 생각해야 한다"고 말하고 있는바, 이는 인간은 선하게 '되는' 것을 목표로 해야 하지 자신이 몇 번이나 선행을 행했느냐를 중시하지 않도록 주의해야 한다는 말이다. 이러한 의미에서의 존재란 우리의 실재이며 우리를 근본적으로 움직이는 정신 상태이자 성격이다. 이런 의미에서 존재의 영역을 증대시키려는 모든 시도는 자기와 타인 그리고 우리 주위의 세계의 현실에 대한 통찰의 증대를 의미한다.

존재의 두 번째 의미는 보다 넓고 근본적인 것인바, 이 경우 존재는 생명·능동성·탄생·재생·분출·생산성을 의미한다. 이러한 의미의 존재는 소유·자기속박·자기중심주의의 반대이다. 에크하르트에서 존재는 능동적인 상태를 의미하는데 이 경우의 능동성이란 분주하게 움직인다는 현대적인 의미가 아니라 자신의 인간적인 힘을 생산적으로 표출하는 상태를 말한다. 능동성이란 그에게 있어서 '자기 밖으로

분출해 나오는 것'이다. 이에 반해 현대인들의 분주함이란 어떤 무엇에 의해서 쫓김을 당하는 상태이며 이런 의미에서 능동적인 것이 아니라 극히 수동적인 것이며 인간의 노예상태를 강화하는 것이다.

나는 외적 혹은 내적인 힘에 의해서 '움직여질' 뿐이다. 정신병리학 분야에서 관찰할 수 있는 소외된 능동성의 가장 적절한 증례는 강박증이 있는 사람의 경우이다. 시험에 떨어질지도 모른다는 강박관념에 사로잡혀 있는 사람은 그야말로 열심히 공부할지 모르나 그 경우 그는 공부가 정말로 기뻐서 하는 것이 아니라 자신이 통제하지 못하는 불안감에 쫓겨서 열심히 공부하는 것이다. 이에 반해 소외되지 않은 능동성에서는 나는 '나 자신'을 능동성의 '주체'로서 경험한다. 프롬은 이 소외되지 않은 능동성을 '생산적 능동성'이라고 부르고 있다.

생산적인 사람들은 그들이 접하는 것이 무엇이든지 그것에 활기를 불어넣는다. 그들은 자신뿐 아니라 다른 사람들이나 사물에 생명을 부여한다. 스피노자의 견해에 따르면 정신적 건강은 올바른 삶의 현현顯現이며, 정신적 질환은 인간성의 요구에 따라 살고 있지 않다는 징후이다. 스피노자는 인간성의 요구에 대응하지 않는 비합리적 정열을 병적이라고 보고 있으며 그것들을 정신이상의 한 형태라고까지 부르고 있다.

"정열은 선할 수도 있고 악할 수도 있다. 스피노자에 따르면 능동성, 이성, 자유, 복리, 기쁨 및 자기완성은 서로 결부되어 있어 떼어놓을 수가 없다―수동성, 비합리성, 속박, 슬픔, 무력 그리고 인간성의 요청에 반하는 노력이 그렇듯이."

마르크스 역시 '자유롭고 의식적인 능동성'이야말로 '인간의 본질적인 특성'이라고 썼다. 노동은 인간의 능동성을 표현하는 것이며 인간의 능동성은 생명의 발현 이외의 것이 아니다. 이에 대해서 자본은 축적된 것, 과거 그리고 결국은 죽은 것을 표현하고 있다. 따라서 자본가와 노동자의 투쟁이 마르크스에서 갖는 의미는 삶과 죽음, 현재 대 과거, 인간 대 사물, 존재 대 소유의 싸움이었다. 그에게 사회주의란 살아 있는 것이 죽은 것을 지배하는 사회였다.

"소유가 관계하는 것은 '물건'이며, 물건은 고정되어 있어 '기술할 수가 있다.' 그러나 존재가 관계하는 것은 '경험'이며, 인간경험은 원칙적으로 기술할 수 없다. 완전히 기술할 수 있는 것은 우리의 '페르소나persona'―각자가 쓰는 가면, 남에게 보이는 자아ego― 이다. 왜냐하면 이 페르소나는 물건이기 때문이다."

존재는 언어로 전달할 수 없고, 경험을 나누어 가짐으로써만 전달할 수 있다. 소유구조에서는 죽은 언어가 지배한다. 존재구조에서는 말로 표현할 수 없는 살아 있는 경험이 지배한다. 존재를 우리는 포착할 수 없고 다만 그것이 드러나기를 기다릴 수밖에 없다. 그리고 그것이 자신을 드러내기 위해서 우리가 취해야 할 태도는 우리가 안전감을 획득하기 위해서 자신이 소유하고 있는 것에 매달리는 소유양식, 즉 비존재의 양식을 포기하는 것, 다시 말해서 자기중심성과 이기심을 버리는 것이다. 마이스터 에크하르트와 같은 신비주의자들이 말하는 것처럼 '자신을 공허하게' 하고 '가난하게' 함으로써 '존재'는 드러나는 것이다.

3. 소유양식과 존재양식의 근본적 차이에 대한 분석

1) 오늘날의 소유양식이 갖는 특성

오늘날 우리는 사유재산이 당연시되는 사회에서 살고 있다. 재산을 취득하고 소유하며 그것을 이용하여 이윤을 남기는 것이 현대산업사회에서는 사람들의 신성하고 양도할 수 없는 권리가 되었다. 그런데 프롬은 재산에 대해서 사람들이 취하는 태도가 20세기에 들어와서는 19세기와는 사뭇 다른 모습을 보이고 있다는 사실을 지적하고 있다. 19세기에 사람들은 일단 소유한 물건은 무엇이든 소중히 보존하고 돌보면서 쓸 수 있을 때까지 사용했다. 이 점에서 프롬은 19세기 인간들은 저축적인 성향을 보이고 있다고 말하고 있다. 그러나 20세기에 들어와 대량생산의 시대가 되고 자본주의체제가 원활히 돌아가기 위해서 소비가 중요한 역할을 하게 되면서 구매는 '쓰고서 바로 버리는' 구매가 되었다. 이에 따라 20세기의 인간들은 소비지향적인 성향을 보여주고 있다.

이러한 사실을 프롬은 자동차 소비를 예로 하여 보여주고 있다. 오늘날의 소비자들은 자신이 소유하고 있는 자동차에 대해서 극히 짧게 지속되는 관심밖에 가지고 있지 않다. 이렇게 짧게 지속되는 근거로 프롬은 다음과 같은 사실을 들고 있다.

첫째로 자동차와 소유주 사이의 관계가 비인격화되었다. 자동차는 이제 더 이상 소유주가 좋아하는 구체적인 대상이 아니라 지위의 상징이나 소유주의 힘을 보여주는 상징이 되었다. 즉 그것은 소유주의 자아를 형성하는 것이다. 새롭고 보다 멋있는 자동차를 소유함으로써 소유주는 자신의 자아가 보다 멋있고 새롭게 되었다고 느끼게 된다.

둘째로 새로운 자동차를 6년마다가 아니라 2년마다 교체함으로써 구매자는 새로운 것을 취득하는 데서 느끼는 스릴을 증대시킬 수 있다. 그것은 꽃을 따는 행위와 비슷하게 자신이 무엇인가를 지배하고 있다는 느낌을 높여준다. 이러한 행위가 자주 일어날수록 스릴도 더욱 커진다.

셋째로 차를 자주 산다는 것은 '거래할' 기회를 그만큼 자주 마련해 주며 이는 교환을 통해서 이익을 남길 기회를 자주 가짐으로써 누릴 수 있는 만족감을 높여준다.

넷째로 사람들은 매일 반복되는 진부하고 권태로운 삶에서 새로운 자동차를 구매함으로써 신선한 자극과 흥분을 얻을 수 있기 때문에 자동차를 자주 교체한다.

이와 같이 현대인들은 다양한 것을 소유하고 소비함으로써 자신을 보다 풍요롭게 하고 세련될 수 있게 만들 수 있다고 보지만 이는 자신의 자아에 대한 오해에 입각한 것이다. 그것은 자신을 사실은 소유와 소비에 예속시키는 것이다. 현대들은 소유하거나 소비하지 않고서도 사물들과 교감하는 데서 기쁨과 풍요를 느낄 수 있다는 사실을 망각하면서 자신을 소비 물자에 의존하는 빈약한 존재로 만들고 있는 것이다.

2) 소유양식의 지배에 대한 저항과 자유의 진정한 의미

그러나 사람들은 자신의 내면의 근저에서 이렇게 소유와 소비에 몰두하는 삶에 대해 어떤 공허감과 구토를 느끼게 된다. 프롬은 특히 많은 젊은 사람들이 그들의 풍족한 가정과 사회를 지배하고 있는 이기심을 견딜 수 없어 한다는 사실을 지적한다. 이들은 자녀들이 '원하는 모든 것을 갖고 있다'고 생각하는 어른들의 기대와는 정반대로, 생기 없고 고립된 생활에 반항한다. 이러한 사람들의 예를 프롬은 과거의 역사에서도 들고 있는데 가난과 사랑의 종교인 기독교를 택한 로마제국의 부유층의 자녀들과 19세기 후반 혁명운동에 뛰어들었던 러시아의 상류계급의 자녀들을 거론하고 있다.

이런 맥락에서 프롬은 스스로의 본성에 의해서 성장하려는 경향은 모든 생물에 공통된 것이라고 본다. 따라서 우리는 인간의 본성이 요구하는 방식으로 우리가 성장하는 것을 방해하려는 어떠한 시도에도 저항한다.

그러나 사람은 자라면서 그의 자발적이고 진정한 욕구와 관심 그리고 의지를 포기하고 사회에 의해서 타율적으로 부과된 의지, 욕구, 감정을 택하도록 강요받는다. 사회 및 사회의 대리자로서의 가정은 '한 사람의 의지를 어떻게 하면 그가 모르게 꺾을 수 있느냐' 하는 어려운 문제를 해결해야만 한다. 그러나 교화, 보수, 징벌, 적당한 이데올로기 등의 복잡한 과정을 통해서 이 과제는 대체로 아주 잘 해결되므로 대부분의 사람들은 자신이 자신의 의지대로 살고 있다고 믿고 있으며 그들의 의지 자체가 조작된다는 사실을 모르고 있다.

이러한 조작이 가장 곤란한 것은 아마 성애性愛의 경우일 것이다. 그것은 자연의 질서에 속하는 강력한 경향이며 그것을 조작하는 것은 다른 많은 욕망처럼 쉽지 않기 때문이다. 이러한 이유로 사회는 다른 어떤 인간적 욕망보다도 한층 더 성적인 욕망에 대해서 싸우려고 한다. 섹스에 대한 비난은 도덕적 근거(섹스는 악이다)에서 건강상의 근거(자위행위는 육체에 해를 준다)에 이르는 다양한 근거에 입각하여 갖가지 형태로 행해진다. 섹스를 억압하는 것은 단순히 섹스 자체만을 대상으로 하는 것은 아니며 인간의 의지를 꺾는 데 있다.

성적 욕망은 부모에게 의존하는 어린애 상태에서 벗어나 독립적인 지위를 가지려는 욕망이기도 하기 때문에, 그것을 탄핵하는 것은 자녀의 의지를 꺾고 자녀에게 죄의식을 느끼게 하고 나아가서는 자녀를 한층 종속적으로 만드는 데 도움이 된다. 성적 금기를 깨려는 충동은 대체로 그 본질에 있어서 자유를 회복하려는 반항이다. 그러나 성적 금기 자체의 타파는 더 큰 자유를 가져오지는 않는다. 이러한 반항은 많은 경우 성적 금기와 마찬가지로 성적인 강박(탐닉)과 성적인 도착과 같은 왜곡된 양상을 띠기 쉬우며 성적 금기와 마찬가지로 인간을 왜곡한다.

자유를 회복하려는 시도로서 금기를 범하려는 모든 다른 행동에 대해서도 이와 동일한 말을 할 수 있다. 자녀의 반항은 여러 가지 형태로 나타난다. 예의범절을 지키지 않는 행위, 먹지 않거나 너무 먹는 행위, 공격과 사디즘 그리고 수많은 자기 파괴적인 행동 등이 그것이다. 반항은 흔히 일종의 전면적 '태업'—세계에 대한 무관심, 태만, 수동성으로부터 가장 병적인 형태의 완만한 자기파괴에 이르기까지—으로 나타난다.

그러나 진정한 의미의 자유는 방종이 아니다. 인간은 다른 종들과 마찬가지로 특유한 구조를 가지고 있으며 이 구조에 의해서만 성장할 수 있다. 자유는 모든 지도원리'로부터의' 자유를 의미하지 않고 인간존재의 구조법칙에 따라서 '성장하는' 자유이다. 그것은 가장 알맞은 인간발달을 지배하는 법칙에 대한 복종을 의미한다. 이러한 자유는 우리

가 비판적이고 독립적인 이성을 구현하는 것과 함께 자신
의 욕망에 의해서 수동적으로 휘둘리지 않고 그것을 능동
적으로 통제할 수 있는 능력을 구현함으로써 보다 성숙한
인간이 될수록 더 커지게 된다.

3) 1960년대 학생운동에 대한 비판적 검토

프롬은 특히 1960년대 유럽과 미국에서 일어난 대규모 학
생운동에 참여했던 학생들의 반항에서 자유를 위한 저항이
자칫 무책임한 방종으로 전락한 하나의 예를 본다. 물론 프
롬은 이러한 학생들이 원래는 사회를 인간적인 방향으로 변
혁하겠다는 진지하면서도 순수한 열정에서 학생운동에 참
여했다고 본다.

"이 젊은이들에게서 우리는 취득과 소유의 감춰진 형태가 아
니며, … 자기가 하고 싶은 것을 하는 데서 진정한 기쁨을 나
타내는 소비패턴을 보게 된다. 이들 젊은이들은 먼 곳까지,
그것도 가끔 고생을 하면서 찾아가 좋아하는 음악을 듣고, 보
고 싶은 장소를 보고, 만나고 싶은 사람을 만난다. 그들의 목

적이 그들이 생각하는 만큼 가치가 있는지 없는지는 여기서 문제가 되지 않는다. 충분한 진지성, 준비, 혹은 집중력이 결여되어 있다고 하더라도 이 젊은이들은 과감히 '존재하려고 할' 뿐 보상으로 무엇을 얻느냐, 무엇을 보존할 수 있느냐 하는 데 관심을 갖지 않는다. 그들은 또 철학적·정치적으로 가끔 순진한 태도를 보이지만 구세대보다 훨씬 성실한 것으로 보인다. 그들은 시장에서 팔릴 만한 '상품'이 되기 위해서 끊임없이 자아를 갈고 닦지는 않는다. 그들은 고의이든 무의식적이든 간에 항상 거짓말을 함으로써 그들의 이미지를 보호하려 하지 않고, 대다수의 사람들이 하듯이 진실을 억압하기 위해서 정력을 소모하지도 않는다. … 그들은 아직 자신이나 실제생활의 지표가 될 목적을 찾아내지 못하고 있는지 모르지만 갖기 위해서나 소비하기 위해서가 아니라 자기 자신이 되기 위해서 모색하고 있는 것이다."

그러나 프롬은 이어서 이러한 젊은이들에 대한 자신의 긍정적 평가에 다음과 같은 제한을 가하고 있다.

"이러한 젊은이들(그리고 그들의 수는 60년대 말부터 두드러지게 줄고 있다) 대다수는 '…로부터의' 자유에서 '…로의' 자유로 발전하지 못했다. 그들은 반항했을 뿐 억압과 종속으로부터의 자유라는 목적 이외에는 지향하여 나아가야 할 목적을 찾아내려는 시도를 하지 않았다. 부르주아인 그들 부모의 표어와 마찬가지로 그들의 표어는 '새로운 것은 아름답다!'는 것이었으며, 그들은 가장 뛰어난 정신이 만들어낸 사상을 포함한 모든 전통에 대해서 거의 두려울 정도로 무관심했다. 그들은 일종의 단순한 자기도취에 빠져 발견한 만한 가치가 있는 모든 것을 그들 스스로 발견할 수 있을 것으로 믿었다. 근본적으로 그들의 이상은 다시 어린애가 되는 것이었고, 마르쿠제 같은 저자들은 어린아이로 되돌아가는 것이―성년으로의 발전이 아니라―사회주의와 혁명의 궁극적 목적이라는 편리한 이데올로기를 만들어 냈다. 그들은 아직 젊어서 이 도취감이 지속되는 한은 행복했다. 그러나 이 시기가 지났을 때 그들 대부분에게 남는 것은 씁쓸한 실망이었다. 게다가 그들은 근거 있는 확고한 신념을 얻지 못했으며 자기의 내부에 중심도 갖지 못했다. 그리하여 흔히 그들은 실망한 무감동한 인간으로―

혹은 불행한 파괴의 광신자로－되고 마는 것이다.”

프롬은 그들 대부분은 원래는 가장 이상주의적이고 감수성이 예민한 젊은 세대였으나 전통, 성숙, 경험, 정치적인 지혜를 결여하고 있었기 때문에 자포자기에 빠지게 되거나 그들의 능력과 가능성을 과대평가하는 자기도취에 빠져 불가능한 일까지도 폭력으로 달성하려고 했다고 본다. 그들은 이른바 혁명집단을 결성하여 테러와 파괴에 의해 세계를 구제하려고 했지만 오히려 자신들이 폭력과 비인간성에의 일반적 경향에 기여하고 있다는 사실을 깨닫지 못했다.

그들은 사랑하는 능력을 상실했으며 그 대신 자신의 생명을 희생하려는 소망을 갖게 되었다. 자기희생은 종종, 사랑하는 것을 열망하지만 사랑하는 능력을 상실한 사람들을 위한 해결책이 된다. 그들은 자기의 생명을 희생하는 데서 고도의 사랑의 경험을 맛보는 것이다. 그러나 이들 자기희생적인 젊은이들은 ‘사랑의 순교자’, 즉 삶을 사랑하기 때문에 살기를 바라면서 자신을 배반하지 않기 위해 죽어야 할 때만 죽음을 받아들이는 사람들과는 아주 다르다. 프롬은 그

들의 혁명적 반항과 자기희생은 인간에 대한 사랑보다는 고
독과 절망에서 비롯된 것이라고 생각한다.

그들은 사실은 자신의 생명과 아울러 구체적인 살아 있는
인간들의 생명을 사랑하지 않는다. 그들이 사랑하는 것은
민중과 같은 추상적인 실체일 뿐이다. 인간이 어떤 구체적
인 인간을 사랑한다는 것은 사실 지극히 어렵다. 이 경우의
구체적인 인간은 장점과 단점을 다 가진 인간으로서 미화되
지 않은 있는 그대로의 인간이다. 이에 반해 숭배와 사랑의
대상으로서의 민족이나 민중과 같은 추상적인 실체는 대부
분의 경우 모든 단점과 추한 점이 사상되어 한없이 이상적
인 존재로서 나타나기 때문에, 그것을 사랑하고 그것에 자
신을 바치기는 구체적인 인간을 위해서 자신을 희생하는 것
보다 쉬울 수 있는 것이다.

이런 의미에서 프롬은 당시의 자기희생적인 젊은이들은
현대자본주의 사회의 희생자이기도 하지만 또한 이 사회를
고발하는 자들이기도 하다고 보았다. 이것은 우리의 사회
체제 내에서 가장 뛰어난 젊은이들의 일부가 절망에서 벗어
나는 길이 파괴와 광신주의밖에 없을 만큼 너무나 고립되고

절망감에 빠져 있다는 것을 입증해 주고 있다는 것이다.

그럼에도 이들 젊은이들은 우리가 자신의 삶을 능동적이고 창조적인 것으로 만들려고 하는 성향이 우리 모두에게 존재한다는 사실을 입증한다. 따라서 사람들은 선천적으로 게으르고 수동적이며 물질적 이익 또는 기아 또는 징벌의 공포에 의해서 추동되지 않는 한 일이나 그 밖의 무언가를 하려고 하지 않는다는 설이 현대의 교육방식과 작업방식을 결정하고 있지만, 그러한 설을 프롬은 현대의 소외된 사회구조를 불가피한 것으로서 정당화하려는 이데올로기로 간주하고 있다. 프롬은 이기심과 나태 못지않게 창조적으로 자신을 표현하고 싶어 하고 능동적으로 타인과 관계를 맺으면서 자발적으로 일하고 싶어 하는 욕망이 우리 모두에게 잠재되어 있다고 생각한다.

아동과 청년이 나태해지는 것은 학습자료가 그들의 관심을 불러일으키지 못하고 무미건조하게 제공되기 때문이다. 만일 학습자료가 생생한 방식으로 제공된다면 놀랄 만한 능동성과 창의성이 발휘되리라고 프롬은 본다. 이런 의미에서 프롬은 인간이 이기적으로 되고 나태하게 되는 것은 소외

된 학습과 소외된 노동구조 등에 대한 저항이라고 보는 것
이다. 노동자들이 자신들이 하는 일에서 진정으로 능동적일
수 있고 책임을 질 수 있고 또한 충분한 지식을 가질 수 있
다면 전에는 노동에 흥미를 갖지 않았던 자들도 크게 달라
지며 놀랄 만큼의 창의성과 능동성 그리고 상상력을 발휘하
게 되고 자신의 일에 기쁨을 느끼게 될 것이다.

4) 존재양식의 본질적 특성

우리가 지금 가지고 있는 것에 의존하는 것은 매우 유혹
적이다. 왜냐하면 우리는 그것에 의존함으로써 안정감을 느
낄 수 있기 때문이다. 자신이 가진 것을 포기하고 새로운 발
걸음을 내딛는 것은 실패의 위험을 내포하고 있으며, 그것
이야말로 사람들이 자유를 두려워하는 이유 중의 하나이다.
물론 생애의 각 단계마다 우리가 소유하고 의지하는 것은
달라지게 된다. 어릴 때에 우리는 자신의 육체와 어머니의
유방만을 '가지고' 있을 뿐이다. 그다음 단계로 우리는 어머
니, 아버지, 형제자매, 장난감을 '갖게' 된다. 좀 더 지나면 지
식, 직업, 사회적 지위, 배우자, 자녀들 그리고 조국 등을 '갖

게' 되며, 그리고 묻힐 곳을 얻고 생명보험에 들며 '유언장'을
작성함으로써 이미 일종의 내세까지도 '소유'하게 된다.

이렇게 소유에 의해서 안정감을 확보하려는 성향이 있지
만 다른 한편으로 우리는 새로운 것에 대한 비전을 가진 사
람들, 새로운 길을 개척하고 전진하는 용기를 가진 사람들
을 찬양한다. 신화에서 이러한 삶의 양식을 상징적으로 나
타내는 자는 '영웅'이다. 영웅이란 그들이 가진 것—토지, 가
족, 재산—을 버리고 앞으로 나아가는 용기를 가진 사람들
이다. 그들 역시 두려움이 없었던 것은 아니지만 그들은 두
려움에 굴복하지 않았다.

불교에서는 모든 소유물, 사회적 지위, 가족 그리고 전통
적인 모든 사상을 버리고 집착을 갖지 않는 삶을 향해서 나
간 부처가 영웅이다. 기독교의 영웅은 예수이다. 그는 아무
것도 소유하지 않고 모든 인류에 대한 충만한 사랑에서 행
동한 영웅인 것이다. 우리가 이들 영웅을 찬양하는 것은 그
들의 생활태도야말로 실은 우리가 바라는 생활태도라고 느
끼기 때문이다. 그러나 우리는 두려움 때문에 그러한 생활
태도는 영웅에게만 가능하고 우리에게는 불가능하다고 믿

어버린다.

언뜻 보기에 영웅은 가장 불안한 처지에 있는 반면에 무언가를 소유하면서 그것에 의지하는 사람들은 안정감을 느끼는 것 같지만, 사실은 이 사람들이야말로 필연적으로 매우 불안한 처지에 있다. 그들이 소유하고 있는 것들, 즉 생명, 돈, 위신, 자아, 사디스트의 경우에는 자신이 지배하고 있는 인간, 마조히스트의 경우에는 자신이 복종하는 인간, 우리가 일체감을 느끼는 씨족이나 조국 등은 유한한 것들이며 따라서 항상 소멸할 가능성을 갖기 때문이다. 나는 가지고 있는 것을 언제라도 잃어버릴 수 있기 때문에 항시 걱정할 수밖에 없게 된다.

이에 대해서 가지고 있는 것을 잃어버릴지도 모른다는 위험에서 비롯되는 걱정과 불안은 '존재양식'에는 없다. 여기서 나의 중심은 나 자신에게 있으며 나를 좌우하는 것은 나이기 때문이다. 소유는 사용에 의해 감소되거나 유한한 어떤 것에 바탕을 두고 있지만 존재는 우리가 본래 가지고 있는 잠재적인 능력을 표현하고 발휘함으로써 성장한다. 이성의 힘, 사랑의 힘, 예술적·지적 창조의 힘 등 모든 본질적인 힘은 표현되는 과정에서 성장한다. 존재양식에서 안정에 대한 유일한 위협은 나 자신 속에 있다. 즉 생명과 자기의 생산적인 힘에 대한 신념의 결여 속에, 내적인 나태와 다른 사람에게 의존하고 자신을 예속시키려는 심리 속에 위협이 존재하는 것이다.

존재양식에서는 사적 소유를 중요하게 생각하지 않는다. 왜냐하면 나는 무엇을 즐기기 위해서, 혹은 사용하기 위해서 그것을 소유할 필요가 없기 때문이다. 존재양식에서는 사람들이 같은 대상을 함께 즐길 수가 있다. 그것을 즐기는 조건으로서 아무도 그것을 '소유할' 필요가 없기 때문이다. 이것은 인간 간의 투쟁을 피하도록 해줄 뿐 아니라 즐거움을 나누어 갖는다는 가장 심원한 인간 행복의 한 형태를 창조한다. 사람들의 개성을 무시하거나 제한하지 않고 사람들을 결합시키는 최선의 방법은 어떤 인물에 대한 찬양과 사랑을 나누어 갖는 것, 사상을, 음악을, 그림을, 상징을 나누어 갖는 것, 기쁨과 슬픔을 나누어 갖는 것이다. 나누어 갖는 경험은 두 개인 간의 관계에 생명을 부여하고 또 그 생명을 유지한다. 그것은 모든 진정한 종교적·정치적·철학적

운동의 기반이다. 물론 이것은 각 개인이 진정으로 사랑하고 진정으로 찬양할 경우의 이야기이다.

5) 쾌락과 기쁨의 구별

프롬은 사람들이 즐거움을 나누어 갖는 경험의 원형을 성행위에서 찾고 있다. 그러나 실제의 성행위는 반드시 즐거움을 나누는 것은 아니다.

"[성행위에서] 행위자들은 너무나 자기도취적이고 자기중심적이며 소유욕이 강하기 때문에 그들은 각각 동시에 쾌락을 느낀다고 할 수는 있지만 쾌락을 함께 나눈다고는 할 수 없다."

이런 맥락에서 프롬은 기쁨과 쾌락을 구별하고 있다. 그러나 우리는 이러한 차이를 대부분의 경우 의식하지 못하고 있는데, 이 차이를 우리가 인식하기 어려운 이유를 프롬은 우리가 보통 '기쁨 없는 쾌락'의 세계에 살고 있기 때문이라고 말하고 있다.

프롬은 쾌락을 인간의 성장을 저해하는 욕망의 만족이라고 본다. 그러한 욕망은 그것을 만족시키기 위해서 진정한 의미의 능동성을 필요로 하지 않는다. 우리는 이러한 쾌락의 예로 사회적 성공을 거둠으로써 느끼는 쾌락, 돈을 많이 버는 데서 느끼는 쾌락, 성적 쾌락과 식도락 등을 들 수 있다. 물론 부자가 되거나 유명인이 되기 위해서는 '내적 탄생'이라는 의미에서가 아니라 바쁘다는 의미에서 매우 능동적이어야 한다. 목적을 달성했을 때 그들은 '강렬한 만족'을 느끼며 '절정'에 달했다고 느낀다. 이러한 상태에 도달하게 한 것은 그들의 정열이다. 그러나 이 정열은 인간적이기는 하지만 본질적으로는 인간조건의 타당한 해결을 가져오지 않는 병적인 것이다. 그러한 정열은 보다 큰 성장과 힘을 가져오는 것이 아니라 반대로 인간을 불구로 만드는 것이다. 이러한 쾌락들은 순간적인 '흥분'을 가져오지만 '기쁨'을 가져오지는 않는다. 그러한 쾌락들에는 기쁨이 결여되어 있기 때문에 우리는 항상 새롭고 한층 더 자극적인 쾌락을 추구하게 되는 것이다.

기쁨은 생산적 능동성으로부터 비롯되는 것이다. 그것은

갑자기 최절정에 이르렀다가 소멸해버리는 '절정경험'이 아니라 오히려 그 사람의 본질적인 인간능력의 생산적 표현에 수반되는 감정 상태이다. 쾌락과 스릴은 절정에 이른 뒤에 슬픔을 가져온다. 왜냐하면 스릴은 경험했지만 스릴을 느낀 사람은 아무런 성장도 하지 않았기 때문에 다시 그 전의 텅 빈 내면으로 되돌아가기 때문이다. '교접 뒤의 동물은 슬프다'는 격언은 이러한 현상을 사랑이 없는 섹스와 관련해서 표현하고 있다. 그것은 강렬한 흥분의 '절정경험'을 낳기 때문에 스릴과 쾌락으로 가득 차 있지만, 끝나고 나면 반드시 실망이 뒤따른다. 섹스의 기쁨은 육체적 접촉이 동시에 사랑의 접촉일 때에야 비로소 경험되는 것이다.

'존재'를 인생의 목적으로 삼는 종교 및 철학 체계에서는 기쁨이 중심적인 역할을 담당한다. 불교에서는 쾌락을 배격하면서 열반의 상태를 기쁨의 상태라고 본다. 기독교에서도 복음은 기쁜 소식을 말하는데 이 경우 기쁨은 소유를 포기한 상태이고 슬픔은 소유물에 집착하는 자가 맞보는 기분이다. 마이스터 에크하르트의 사상에서도 기쁨은 가장 중요한 의미를 갖는다. 프롬은 웃음과 기쁨이 갖는 창조력이란 사

상을 가장 아름답고 시적으로 표현한 구절로서 에크하르트
의 다음과 같은 구절을 인용하고 있다.

"하나님이 그 영혼을 향해 웃고 그 영혼이 하나님을 향해서
웃음을 되돌릴 때 삼위일체의 신격神格이 탄생한다. 과장해서
말하면 아버지가 아들을 향해서 웃고 그 아들이 다시 아버지
를 향해 웃음을 되돌릴 때 그 웃음은 즐거움을 주며 그 즐거
움은 기쁨을 주고 그 기쁨은 사랑을 주고, 그리고 사랑은 성
령이 그 하나를 이루고 있는 '삼위일체'의 신격을 준다."

스피노자는 기쁨과 슬픔에 대해서 다음과 같이 말하고
있다.

"기쁨은 인간이 보다 작은 완성에서 보다 큰 완성으로 나아가
는 것이다. 그리고 '슬픔'은 인간이 보다 큰 완성에서 보다 작
은 완성으로 나아가는 것이다."

타락하지 않기 위해서는 우리는 참된 인간성을 실현하려

고 노력해야 한다. 즉 우리는 완전히 자유롭고 합리적이고 능동적으로 존재하려고 노력해야 한다. 이 경우 인간의 선을 결정하는 것은 순전히 주관적이고 변덕스런 욕망도 아니고 신의 변덕스런 의지도 아니다. 그것을 결정하는 것은 참된 인간성에 바탕을 두고 우리의 가장 적절한 성장과 행복을 가져오는 규범이다. 이런 의미에서 스피노자는 '선'을 "우리가 설정한 참된 인간성에 더욱 가까이 접근하게 하는 것을 가능케 하는 모든 것"이라고 말하면서 '악'은 "우리가 그 참된 인간성을 실현하는 것을 방해하는 모든 것"이라고 말하고 있다. 이 경우 선은 기쁨을 가져오며 악은 슬픔을 초래한다.

6) 소유양식과 존재양식에서 죄와 죽음

이와 관련하여 프롬은 죄라는 것을 흔히 어떤 권위에 대한 불복종으로 이해하는 통상적인 견해에 반대하여 죄를 참된 인간성의 실현을 방해하는 행위로 본다. 우리가 소유양식의 삶을 살 때 우리는 죄를 비합리적인 권위에 대한 불복종으로 이해하게 되며, 그러한 죄는 회개—벌—새로운 굴복—용서에 의해서 극복되는 것으로 생각하게 된다. 여기서 우리의 삶의 중심은 우리 자신의 내부에 있지 않고 우리가 복종하는 권위에 있다. 우리는 자신의 생산적 능동성에 의해서가 아니라 수동적인 복종과 그 결과로 권위가 우리에게 부여하는 시인是認에 의해서 행복에 도달한다. 이에 반해 존재양식에서의 죄는 인간 간의 분리를 야기하고 심화하는 행위이며 이러한 죄는 이성과 사랑의 완전한 실현에 의해서 극복된다.

소유양식은 지옥에 떨어지는 것도 불합리한 권위에 대한 불복종의 결과로 인한 벌로 간주하지만 존재양식은 지옥을 인간이 완전히 분리되고 격리되어 고립되어 있는 상태로 본다. 인간은 이에 이러한 절대적 분리라는 지옥으로부터 벗어나고자 한다. 굴복에 의해서건, 지배에 의해서건, 혹은 이성과 의식을 마비시키는 것을 통해서건, 그러나 이런 방법은 모두 일시적으로만 성공할 뿐이며 진정한 해결에 장애가 될 뿐이다.

"우리들이 지옥에서 구원되는 길은 오직 하나, 자기중심성이란 감옥에서 뛰쳐나와 세계와 '하나'가 되는 것뿐이다. 만일 자기중심적인 분리가 근본적인 죄라면 그 죄를 보상하는 길은 사랑의 행위이다."

아울러 우리가 소유양식 속에 살고 있는 한, 우리는 죽음을 두려워해야 한다. 이는 죽음에 대한 공포란 사실은 죽음 자체에 대한 두려움이 아니라 우리가 '가지고 있는 것을 잃는 데 대한 공포'이기 때문이다. 그것은 나의 육체를 잃는 두려움, 내 자아, 내 소유물, 내 동일성을 잃는 데 대한 공포이다. 그러나 우리가 모든 형태의 소유에 대한 갈망과 자아에 대한 집착을 버릴수록 죽음에 대한 공포는 더욱 약해진다. 이는 우리가 잃어버릴 것이 아무것도 없기 때문이다. 따라서 우리가 존재양식의 삶을 살 때 우리는 죽음에 대한 공포마저 극복하고 기쁨에 찬 삶을 살게 된다.

7) 금욕주의와 조야한 금욕주의에 대한 비판

존재양식은 이렇게 우리에게 기쁨을 가져다주는 것이기 때문에 그것을 우리는 우리의 자연스런 욕망을 억압하는 금욕주의적인 삶의 태도와 동일시해서는 안 된다. 금욕적인 사람은 소비를 억제하려고 하는데 그는 사실은 소비에 집착하고 있기 때문에 소비를 억제하려고 하는 것이다.

"과잉보상(어떤 약점을 숨기기 위해서 그 반대의 특성을 지나치게 강조하는 것)에 의한 자기부정은 정신분석의 데이터에서 매우 자주 보인다. 이것은 파괴적인 충동을 억압하고 있는 광신적 채식주의자, 살인충동을 억압하고 있는 광신적인 인공유산 반대론자, '죄 많은' 충동을 억압하고 있는 '미덕'의 광신자 같은 경우에 일어난다."

이런 맥락에서 프롬은 또한 소유와 관련하여 절대적 평등을 내세우는 사람들에 대해서 회의적인 시각을 보인다. 이렇게 절대적인 평등을 내세우는 사람들은 사실은 소유에 대한 강한 열망을 가지고 있을 수 있다. 그들은 소유에 대한 욕망을 버리지 못했기 때문에 자신들보다도 더 많이 가지고 있는 사람들에 대한 질시와 원한에 가득 차 있다. 이러한 사실이 다만 엄격한 평등이란 신조에 의해서 표면상 부인되고 있을 뿐이다.

마르크스가 주창한 공산주의 역시 이렇게 모든 소유를 평등하게 하자는 공산주의는 아니었다. 마르크스는 그러한 공산주의를 '조야한 공산주의'라고 부르고 있는데 이러한 공산주의를 '최소한의 소유라는 전제에 바탕을 둔 선망과 평준화의 극치에 불과하다'고 평하고 있다. 소유를 인생에 있어서 비본질적인 것으로 보는 사람은 자신보다 타인이 더 많이 가지고 있다고 해서 부러워하지도 시기하지도 않는다. 평등은 물건의 한 조각에 이르기까지 똑같이 나누는 양적 평등을 의미해서는 안 되며, 소득이 각각의 다른 집단에게 질적으로 서로 다른 생활경험을 낳을 정도로 차이가 나서는 안 된다는 평등이어야 한다.

8) 존재양식과 소유양식에서의 시간

존재양식은 지금, 여기hic et nunc에만 존재한다. 이에 반해서 소유양식은 과거와 현재 그리고 미래 속에 존재한다. 소유양식에서는 우리는 우리가 '과거'에 축적한 것, 즉 돈·토지·명성·사회적 지위·지식·자녀·기억 등에 얽매인다. 이 경우 나란 과거의 총체이다. 소유양식에서 '미래'는 이윽고 과거가 될 것에 대한 예측이다. '현재'는 과거와 미래가 만나는 점이다. 그러나 그것이 연결하는 두 영역 간의 질적인 차이는 없다. 소유양식이 이와 같이 과거에서 현재로 그리고 미래로 이어지는 시간의식 속에 존재하는 반면에, 존재는 '지금 여기가 영원'이라는 의식과 함께 성립한다.

존재는 물론 시간 밖에 있는 것은 아니지만 시간이 존재를 지배하는 것은 아니다. 화가는 물감, 캔버스, 붓과 씨름해야 하며, 조각가는 돌, 끌과 씨름해야 한다. 그러나 창조 행위, 그들이 창조하려는 것의 '비전'은 시간을 초월한다. 그것은 한순간에 혹은 여러 순간에 일어나지만 그 비전 속에선 시간이 경험되지 않는다. 사상가들에게도 마찬가지이다. 그들이 사상을 기록하는 행위는 시간 속에서 일어나지만 사상을 마음에 품는 것은 시간 밖에서 일어나는 창조적 사건이다. 존재의 모든 현상에 대해서 우리는 똑같이 말할 수 있다. 사랑의 경험, 기쁨의 경험, 진리를 파악하는 경험은 시간 속에서 일어나는 것이 아니라 지금 여기서 일어난다. '지금 여기는 영원이다.' 즉 시간을 초월하고 있다. 그러나 이 영원은 일반적으로 오해하고 있는 것처럼 무한히 잡아 늘린 시간이 아니다.

물론 우리는 존재양식에서도 과거와 현재 그리고 미래의 시간을 의식하면서 산다. 이는 우리가 무한히 사는 것이 아니라 우리에게 한정된 시간을 살기 때문이다. 우리는 무한정 살 수 없기에 시간을 무시할 수도 없고 시간으로부터 벗어날 수도 없다. 그러나 이렇게 한정된 시간을 존중한다는 것과 그것에 굴복하여 그것에 쫓기면서 산다는 것은 서로 전적으로 다르다.

"밤과 낮, 잠과 깨어남, 성장과 노화의 리듬, 노동에 의해 세계를 건설할 필요성과 자신을 지켜야 할 필요성, 이 모든 요인들은 우리가 살기를 바란다면 시간을 '존중하도록' 강요한다. 육체는 또한 우리에게 살기를 원하도록 한다. 그러나 시간을 '존중하는' 것과 시간에 '굴복하는' 것은 별개의 것이다. 존재양식에서 우리는 시간을 존중하지만 시간에 굴복하진 않는다. … 소유양식에서는 시간이 우리의 지배자가 된다. 존재양식에서는 시간은 왕위를 상실하고, 우리의 생활을 지배하는 우상이 되지 못한다."

특히 산업사회에서는 시간이 최고의 지배자가 되며 현재
의 생산양식은 모든 행위가 정확하게 '시간대로' 진행되기를
요구한다. 우리는 시간에 쫓기면서 살고 있다. 우리는 여가
시간에 완전히 게으름을 피움으로써 시간이라는 전제군주
에게 반항하면서 우리가 자유롭다는 환상을 갖지만 이것 역
시 실은 실제로는 시간이라는 감옥에서 가석방되어 있는 데
불과하다. 산업사회에서 시간은 어느 누구의 시간도 아니
며 그것은 과거에서 미래로 무한히 펼쳐져 있으면서 철저하
게 구획되어 있고 조직화되어 있다. 개개인의 시간은 이렇
게 철저하게 짜여 있는 전체적인 시간의 일부에 지나지 않
는다.

이에 반해 존재양식에서 시간은 우리 각자에게 주어진 소
중한 시간이다. 존재양식에서 인간은 자신에게 주어진 시간
이 죽음에 의해서 한정되어 있는 유일회적인 소중한 시간으
로 자각하면서, 그러한 시간을 소유와 소비를 늘리기 위해
서 사용하는 것이 아니라 자신의 참된 인간성을 온전히 구
현하는 데 사용한다.

4. 새로운 인간과 새로운 사회

1) 종교, 성격, 사회

프롬은 종교야말로 인간의 삶에 방향과 의미를 제시하는 것으로서 인간의 삶에서 가장 중요한 의미를 가지고 있다고 보았다. 이 경우 종교라는 말을 프롬은 극히 넓은 의미로 사용하고 있다. 그것은 '집단이 공유하는 사상과 행위의 체계로서 개인에게 지향체계와 헌신의 대상을 제공하는 모든 것'을 가리킨다. 이런 의미에서 종교는 인간과 문화가 존재하는 모든 곳에서 존재하며, 심지어 무신론이 지배하는 곳에서도 존재한다. 그 경우 사람들은 동물이나 나무, 씨족이나 부족, 민족이나 인종 그리고 어떤 특정한 계급, 눈에 보이지 않는 신, 고상한 인물, 악마와 같은 지도자들, 돈이나 성공을 헌신의 대상으로서 숭배하는 것이다.

우리 인간은 어느 정도 철이 들게 되면 자신이 모든 것이 덧없이 생성 소멸하는 세계 안에 내던져져 있다는 사실을 발견하게 된다. 인간은 이렇게 낯선 세계에 내던져져 있으면서도 이 세계를 자신이 살아야 할 세계로서 인수하지 않으면 안 된다. 이러한 상황에 직면하여 인간은 세계와 자신이 존재하는 의미와 자신이 어떻게 살아야 하는지에 대한 의문에 사로잡히게 된다. 인간은 세계와 자신의 존재의미를 밝혀주고 자신이 세계에서 어떻게 살고 행동해야 할지를 지시하는 지향의 틀을 갖고자 하는 것이다.

그런데 여기서 말하는 지향의 틀이란 한갓 머릿속에 머무르는 관념체계에 그쳐서는 안 된다. 만약 인간이 육체를 소유하지 않고 순수하게 지성만을 가지고 있다면 하나의 포괄적인 관념체계에 지나지 않는 지향의 틀만으로도 충분할지 모른다. 그러나 인간이 정신과 아울러 육체를 갖는 존재인 한, 사고뿐 아니라 행동이나 감정의 차원에서도 인간을 강력하게 사로잡을 수 있는 지향의 틀이 필요하다. 이렇게 사고뿐 아니라 인간의 존재 전체를 사로잡는 지향의 틀은 보통 우리가 무조건적으로 숭배해야 하고 자신을 바쳐야 하는 절대적이고 무한한 존재를 자신의 축으로 갖는다. 이와 같은 헌신의 대상이 필요한 것은 인간의 모든 열정과 에너지를 하나의 방향으로 통합하고 그것에 절대적인 확실성을 부여하기 위해서이며, 온갖 의혹과 불안을 지닌 우리의 고립된 존재를 초월하기 위해서이다. 인간은 절대적이고 무한한 존재에 귀의함으로써 영원성과 아울러 그 어떤 상황에서도 흔들리지 않는 충만한 힘을 갖게 된다. 따라서 인간의 존재 전체를 사로잡는 모든 지향체계는 이러한 절대적이고 무한한 존재를 체계의 중심에 가지며 이러한 존재에 대한 헌신을 요구한다.

이런 의미에서 우리는 인간에게는 지향체계와 헌신의 대상을 구하는 종교적인 욕구야말로 식욕이나 성욕보다도 훨씬 더 강력한 욕구라고 볼 수 있다. 그것은 인간만이 가질 수 있는 세계불안, 즉 인간이 본능의 구속에서 벗어나 이성을 갖게 되면서 세계를 낯설고 덧없는 것으로 느끼게 되는 불안을 근본적으로 극복하고자 하는 욕구이기 때문에 이보다 더 강력한 에너지의 원천은 없다. 인간이 자신의 삶에 방향과 의미를 제시해주는 세계상을 갖지 못하고 방황하는 상태는 보통 니힐리즘이라고 불리는데, 이러한 니힐리즘의 상태야말로 인간이 가장 두려워하는 상태들 중의 하나인 것이다.

왜냐하면 그 경우 인간은 각 개인에게 부딪혀오는 모든

인상들을 조직화할 수 있는 기준을 발견할 수가 없기 때문이다. 우리의 자연계와 사회적 세계에 대한 지도地圖, 즉 세계와 사람의 위치가 체계화되어 있고 내적으로 결합되어 있는 그림이 없으면 인간은 혼란에 빠져 목적의식을 잃게 되고 일관성 있는 행동을 할 수 없게 되는 것이다. 비록 이러한 지도가 잘못되었다고 하더라도 그것은 개인에게 안정감을 주는 심리적 기능을 갖는다. 이 경우 각 개인은 이러한 종합적인 그림을 전혀 전제하지 않고 자신들의 독자적인 판단에 따라서 인생의 여러 가지 현상과 사건에 대처한다고 믿을지도 모르나 사실은 그들 자신이 의식하지 못하고 있을 뿐인 어떤 종류의 준거틀을 가지고 있는 것이다.

지향체계와 헌신의 대상에 대한 욕구는 인간의 욕구 중 가장 큰 욕구이기 때문에 인간은 불합리한 정치적인 교리나 종교적인 교리에 쉽게 빠지게 된다. 그러한 교리를 신봉하고 있지 않는 사람들의 눈으로 보면 그것은 분명히 터무니없는 이론체계에 불과한 것임에도 불구하고 그것을 신봉하는 사람들을 철저하게 사로잡는다. 사람들은 지도자들의 암시적인 영향력이나 암시에 걸리기 쉬운 인간의 성질에서

그러한 경향의 원인을 찾지만, 그러나 그와 같은 것이 원인
의 전부는 아니다. 지향체계와 헌신의 대상에 대한 욕구가
본래 강렬하지 않다면 인간은 그렇게 쉽게 암시에 걸리지도
않을 것이다.

사람들은 어떠한 형태로든 간에 지향체계와 헌신의 대상
을 갖고자 한다. 인간이 헌신하는 대상은 여러 가지 형태로
나타난다. 그것은 인간의 독립과 성장을 돕는 존재일 수도
있는 반면에, 인간을 예속하고 그의 성장을 막는 우상일 수
도 있다. 헌신의 대상이 갖는 이러한 차이는 분명히 중요한
것이지만, 인간들의 일차적인 욕구는 참된 세계상과 헌신의
대상을 갖는 것보다는 진실이든 허위든 상관없이 일단은 하
나의 지향체계와 헌신의 대상을 갖고자 하는 것이다. 지향
체계와 헌신의 대상을 발견하는 것과 관련하여 한 인간에게
일차적으로 문제가 되는 것은 불안의 해소이지 진실의 확보
가 아닌 것이다.

프롬은 현대서구사회에서 외관상으로는 여전히 기독교가
지배하고 있는 것 같지만 사실은 돈을 신으로 숭배하는 산
업종교가 지배하고 있다고 말하고 있다. 기독교라는 가면을

쓰고 '산업종교'라는 새로운 '비밀'종교가 사실은 지배하고 있다는 것이다. 사람들은 교회에 가서 신에게 빌더라도 부자가 되고 성공할 수 있게 은총을 내려달라고 기도한다. 사람들은 신에게 자신의 몸과 마음을 바치는 것이 아니라 오히려 신을 자신이 부자가 되고 성공하는 데 이용하려고 하는 것이다. 결국 사람들이 최고의 가치로 여기는 것은 신이 상징하는 사랑과 지혜가 아니라 부와 성공인 것이다. 이러한 산업종교는 진정한 기독교와는 완전히 모순되며 그것은 인간에게 인간 자신이 만든 경제와 기계의 노예가 되기를 강요한다.

프롬은 사회경제적 구조와 사회적 성격구조 그리고 종교적 구조는 서로 떼어놓을 수 없는 것으로 보고 있다. 따라서 프롬은 사람들이 의식적으로 신봉하는 제도상의 종교보다도 그 사람들과 사회의 성격을 지배하고 형성하는 실제적인 종교를 더 중시한다. 만일 공공연한 종교체계가 지배적인 사회적 성격과 일치하지 않고 그것이 사회적 생활관습과 모순을 빚고 있다면 그것은 그 사회의 진정한 모습을 은폐하고 미화하는 이데올로기에 불과하다. 보다 구체적으로 말해서 자신의 사회적 성격이 공격적이고 착취적인데도 사랑의 종교인 기독교를 자신이 신봉하고 있다고 생각한다면 그것은 단순히 자신에 대한 하나의 미화와 정당화에 지나지 않는 것이다.

2) 산업종교와 시장적 성격

프롬은 이러한 '산업종교'의 발달을 위한 최초의 기초가 된 것을 루터의 종교개혁에 의해서 기독교에서 모성적인 요소가 제거된 것에서 찾고 있다. 사회는 두 가지 원리, 즉 부계중심의 원리와 모계중심의 원리에 따라 조직되어 왔다. 모계중심의 원리는 애정 깊은 어머니상을 중심으로 하고 있으며 그것은 '조건 없는 사랑'의 원리이다. 어머니가 자식을 사랑하는 것은 그들이 그녀를 기쁘게 하기 때문이 아니라 그들이 그녀의 자식이기 때문이다. 따라서 어머니의 사랑은 훌륭한 행동으로 얻어지거나 또는 죄를 범함으로써 잃어버리는 것이 아니다. 모성애는 '자비'와 '동정'이다. 이에 대해서 부성애는 '조건적인' 사랑이다. 그것은 자녀의 훌륭한 행동에 의해 좌우되며 아버지의 사랑은 잃어버릴 수도 있고 회개와 새로운 굴복에 의해서 되찾을 수도 있다. 아버지의 사랑은 '정의'이다. 중세 가톨릭에서는 모성적 원리와 부성적 원리가 병존하고 있었다.

"성모 마리아, 모든 것을 사랑하는 어머니로서의 교회, 모성 상으로서의 교황과 신부는 모성적인 사랑, 조건 없는 사랑, 모든 것을 용서하는 사랑을 나타내고 있었고, 그와 함께 권력으로 지배하는 교황을 정점으로 하는 엄격한 가부장제적인 관료제의 부성적 요소가 병존하고 있었다."

종교적 체제에서의 이러한 모성적 요소에 생산과정에서의 자연과의 관계가 대응하고 있었다. 즉 직공과 마찬가지로 농부의 일도 자연에 대한 적대적이며 착취적인 공격이 아니었다. 그것은 자연과의 협동이었으며 자연을 그 자체의 순행에 따라 변모시키는 일이었다. 루터는 이에 대해서 북유럽에 도시의 중류계급과 세속적인 군주에 바탕을 둔 순수한 가부장주의적인 형태의 기독교를 확립했다. 이러한 기독교에서는 가부장적 권위에 대한 굴복과 '노동'이 사랑과 시인을 얻는 유일한 방법이었다. 산업종교의 원리는 남성적 권위에 대한 공포요 굴복이며, 불복종에 대한 죄악감이고 이기심과 상호대립의 지배에 의한 인간 유대의 소멸이었다. 산업종교에서 '신성한 것'은 노동, 재산, 이익, 권력이었다. 그것은 한편으로는 개인주의와 자유를 촉진하기는 했으나 기독교를 엄격한 가부장주의적인 종교로 변모시킴으로써 산업종교를 기독교적 용어로 표현할 수 있었다.

이러한 산업종교가 실질적으로 지배하게 되면서 20세기 인간들의 사회적 성격을 형성하고 있는 것은 소위 시장적 성격이다. 그것은 자신을 상품으로서 경험하고 자기의 가치를 '사용가치'로서가 아니라 '교환가치'로서 경험하는 데 바탕을 두고 있기 때문이다. 성공은 대부분의 경우 사람들이 시장에서 얼마나 자신을 잘 팔 수 있느냐, 자신의 퍼스낼리티를 얼마나 사람들에게 잘 알리느냐, 얼마나 멋지게 자신을 '포장'하느냐에 따라 좌우되며, 또 그들이 '쾌활한지', '건전한지', '공격적인지', '믿음직한지', '야심적인지' 아닌지에 따라 좌우되고, 나아가서는 가정적 배경은 어떠하며, 어떤 사교클럽에 소속되어 있느냐, 그가 하는 일에 도움이 될 사람들을 알고 있느냐 모르느냐에 따라 좌우된다.

시장적 성격의 퍼스널리티는 자신이 집착할 만한 자아조차 전혀 '가질' 수 없다. 그는 '나는 당신이 원하는 바로 그 사람이오' 하고 이야기할 수 있도록 끊임없이 자신을 변형시킨다. 시장적 성격을 가진 사람은 단지 최대의 능률을 가지고서 움직이고 일하는 것 외에는 아무런 목적도 가지 않는다. 그들은 인간은 '왜' 사는가, '왜' 다른 방향으로 가지 않고 이 방향으로 가는가 하는 철학적이고 종교적인 물음에는 거의 관심이 없다. 그들은 항시 변하는 자아ego를 가지고 있지만 아무도 진정한 자기self, 핵심, 정체성을 갖지 못하고 있다.

시장적 성격에는 사랑도 미움도 없다. 그것들은 거의 대부분 두뇌의 수준에서 기능할 뿐이며, 감정은 선한 것이든 악한 것이든 시장적 성격의 주된 목적을 방해하기 때문에 모두 배제된다. 시장적 성격의 소유자들은 자신에 대해서도 다른 사람에 대해서도 아무런 깊은 애착이 없기 때문에 그들은 말의 깊은 의미에서 동정심이란 것을 갖고 있지 않다. 그것은 그들이 이기적이라서가 아니라 다른 사람들에 대해서 그들이 갖는 유대감이 극히 미약하기 때문이다.

이러한 태도를 프롬은 시장적 성격의 소유자들이 핵무기에 의한 파국이나 생태학적 파국의 위험성을 보여주는 모든 데이터를 알고 있으면서도 그러한 위험에 관심을 갖지 않는 원인이라고 보고 있다. 이들은 어느 누구와도 친밀하지 않으며 자기 자신과도 친밀하지 않다. 그들은 자신이 구입한 물건 자체에도 아무런 애착을 갖지 않는다. 이들에게 문제가 되는 것은 그 물건이 주는 위신이나 위안일 뿐이며 그것은 전적으로 소비의 대상일 뿐이다. 그리고 이는 친구나 애인의 경우에도 마찬가지이다. 그들은 어느 누구와도 물건과의 유대 이상으로 깊은 유대를 가질 수 없기 때문에 그들에게는 친구나 애인도 소비의 대상에 지나지 않는다.

시장적 성격을 가진 사람들은 주어진 상황에서 '적당한 기능'을 수행하는 것만을 목표로 하기 때문에 그들은 세계에 대해서 주로 두뇌로 반응한다. 그들은 인간이 동물과 공유하는 조작적 지성만을 갖게 된다. 이러한 지성이 위험한 것은 그것이 자기 파괴적인 방향으로 사람들을 움직이게 하기 때문이다. 제어되지 않는 조작적 지성이 우수하면 우수할수록 그것은 위험한 것이다. 순전히 과학적이고 소외된 지성이 가져오는 비극적 결과를 입증한 사람으로서 프롬은 찰스 다윈을 들고 있다. 다윈은 30세가 될 때까지 음악과 시와 회화에 열중하고 있었는데, 그 이후에는 계속 그것들에 대한 취미를 완전히 잃어버렸다는 것이다.

"내 머리는 많은 사실의 수집물을 종합하여 일반법칙을 끌어내는 일종의 기계가 되어버린 듯하다. … 이러한 취미의 상실은 행복의 상실이다. 그것은 우리 본성의 정서적인 부분을 약화시킴으로써 아마도 지성을 해칠 것이며, 더 정확하게는 도덕적 성격을 해칠 것이다."

두뇌에 의한 조작적 사고의 지배는 정서생활의 위축을 가져온다. 정서생활은 촉진되지도 필요치도 않거니와 오히려 기능을 잘 발휘하는 데 방해가 된다고 여겨졌기 때문에 어린이의 수준 이상으로는 발달되지 않는다. 그 결과 시장적 성격의 소유자들은 정서적인 문제에 관해서는 극히 단순하다. 그들은 '정서적 인물'에 끌리는 경우가 있지만 그들은 단순하기 때문에 그들이 성실한 사람인지 사기꾼인지를 판단

할 수 없다. 이 사실이 왜 그토록 많은 사기꾼들이 정신적·
종교적 분야에서 성공할 수 있는가를 그리고 왜 강한 정서
를 표현하는 정치가가 시장적 성격의 소유자들의 흥미를 끌
수 있는가를 설명해 준다.

이런 맥락에서 프롬은 기독교의 가면 아래 20세기를 실
질적으로 지배하고 있는 것을 또한 '사이버네틱스종교'라고
부르고 있다. 사이버네틱스라는 말은 기계와 같은 인공적
인 것과 동물과 같은 자연적인 것 안에 통신과 제어와 비슷
한 성질이 존재한다는 사상이다. 즉 그것은 만물을 정보와
제어의 체계로서 파악하는 기계론적 세계관을 말한다. 현
대인은 기계를 신으로 삼았고 그 기계에 봉사함으로써 신
처럼 되었다. 문제는 인간이 실제로는 가장 무력한 상태에
있으면서 과학과 기술에 결부된 자신을 '전능'하다고 '상상'
하고 있다는 점이다. 우리는 기술과 경제체제의 노예가 되
어버렸다.

3) 진정한 기독교 정신의 역사

프롬은 로마제국이 기독교로 개종하고 유럽 전체가 기독

교로 개종했다고 하지만 몇몇 예외적인 경우를 제외하고는 진정한 의미에서의 개종, 즉 사회적 성격의 진정한 변혁은 일어나지 않았다고 생각한다. 프롬은 예외로서 마이스터 에 크하르트에 이르러 절정에 달했던 신비주의를 들고 있다. 이러한 신비주의는 반권위주의적 휴머니즘운동에서 결정 적인 역할을 했는데, 그중에서 여성이 신비주의를 가르치는 교사와 학생으로서 주도적인 역할을 했던 것은 결코 우연이 아니라고 프롬은 말하고 있다. 그리고 이러한 신비주의를 계승하면서 단순소박하면서 비교조주의적인 기독교의 관 념이 많은 기독교사상가들에 의해서 표명되었다. 심지어는 성서의 하나님에 대한 관념마저 의문의 대상이 되었으며 이 러한 중세 후기의 정신은 르네상스 시대의 신학적·비신학 적 휴머니스트들에 의해서 계승되었다. 이와 관련하여 프롬 은 중세기독교의 이러한 위대한 사상가들의 정신에 관한 프 레데릭 B. 아르츠_{Frederick B. Artz}의 서술을 인용하고 있다.

"사회적인 면에서는 중세의 위대한 사상가들은 신의 눈으로 볼 때 인간은 모두 평등하며 가장 비천한 사람까지도 무한한 가치를 지니고 있다고 생각했다. 경제에서는 노동은 타락이 아니라 존엄의 근원이며, 어떤 인간도 자기의 복리와 무관한 어떤 목적을 위해 이용되어서는 안 되며, 정의正義가 임금과 가격을 결정해야 한다고 가르쳤다. 정치에서는 그들은 국가의 기능은 도덕적인 것이며, 법과 그 집행에서는 기독교의 정의관념이 지배해야 하고 지배자와 피지배자의 관계는 항상 상호의무에 바탕을 두어야 한다고 가르쳤다. 국가, 재산, 가정은 그것들을 지배하는 사람들에게 신이 맡긴 것이며, 그것들은 신의 목적을 촉진하기 위해 이용되어야 한다. 마지막으로 중세의 이상은 모든 국민과 민족은 (인류라는) 하나의 거대한 공동체의 일부라는 강력한 신념을 내포하고 있었다. 괴테가 말했듯이 '국민 위에 인류가 있다.'"

중세 후기의 전통을 이어받은 르네상스의 휴머니즘은 중세 이후의 '종교적' 정신의 최초의 위대한 개화였다. 인간의 존엄성, 인류의 합일, 정치와 종교에서의 보편적인 합일의 사상이 그것에서 거침없이 표현되었다. 프롬은 이러한 정신이 다시 계몽주의와 프랑스혁명의 사상으로 이어진다고 보고 있으며 이는 다시 19세기와 20세기의 급진적인 휴머니즘으로 이어진다고 보고 있다. 사회주의는 이러한 급진적 휴머니즘의 하나로서 중세의 종교적 전통과 르네상스 이후의 과학적 사고와 정치적 행동의 종합이라고 할 수 있는 것이었다. 그것은 일종의 '종교적' 대중운동이었으며, 인간을 이기심과 탐욕으로부터 해방하는 것을 목표로 삼고 있었고, 기독교적인 메시아 사상의 세속적인 표현이었다.

이런 맥락에서 프롬은 프로이트나 마르크스를 기독교의 적으로 보는 통상적인 견해에 대해서 이의를 제기한다. 마르크스와 프로이트의 이상은 실질적으로는 진정한 기독교의 정신과 다를 바가 없다는 것이다. 마르크스와 프로이트는 인간발전의 목적이 이성, 인간애, 고통의 감소, 독립 및 책임과 같은 가치들의 성취에 있다고 생각한다. 그러한 것들은 진정한 기독교뿐 아니라 부처와 노자 그리고 공자와 같은 사람들이 실현하려고 하는 가치들이기도 하다. 마르크스와 프로이트는 기독교를 비롯한 위대한 종교들의 윤리적 핵심에 대해서 반대하는 것이 아니다. 따라서 이런 면에서 그들은 오히려 '기독교적'이라고까지 할 수 있다.

4) 진정한 기독교 정신의 몰락

프롬은 유럽의 역사가 13세기 기독교신비주의의 정신으로 계속 이어졌다면 그리고 그것이 과학적인 지식과 개인주의의 정신을 서서히 진화적으로 발전시켜 왔더라면 우리는 지금 행복한 상태에 있게 되었을지도 모른다고 말하고 있다. 그러나 이성은 조작적인 지성으로 그리고 개인주의는 이기심으로 타락하기 시작했고 유럽은 본래의 이교異敎로 되돌아갔다.

프롬은 기독교의 영웅을 순교자로 보고 있다. 무엇보다 예수 자신이 순교자였다. 그는 사랑의 영웅이며 권력 없는 영웅이었다. 그는 '소유'하기를 바라지 않고 지배하기를 바라지 않았으며 존재의 영웅, 즉 남에게 주고 나누어 갖는 영웅이었다. 기독교의 최고의 목표는 신 또는 동포를 위해서 자신의 생명을 바치는 것이었다.

이러한 순교자는 그리스와 게르만의 영웅들로 대표되는 이교의 영웅들과는 정반대이다. 이들 영웅들의 목표는 정복하고 승리하고 파괴하고 강탈하는 것이었으며, 그들의 목표는 권력과 명예였다. 그들이 숭상한 가치는 권력과 명예를

획득하고 고수하는 용기였다. 프롬은 호머의 『일리아드』는
정복자와 도적을 장려壯麗한 시로 미화하고 있는 작품으로
보고 있다. 나아가 프롬은 이교의 영웅상을 모권중심사회에
대한 가부장제의 승리와 관련이 있는 것으로 보고 있다. 여
자에 대한 남자의 우위는 최초의 정복행위이자 최초의 착취
적인 힘의 행사였다. 남자가 승리를 거둔 이후의 모든 가부
장제 사회에서 이 원리들이 남자의 성격의 기초가 되었다.
프롬은 유럽의 역사와 현재의 유럽을 실질적으로 지배하고
있는 것은 이러한 이교적 영웅상이라고 보고 있다.

"유럽과 북미의 역사는 기독교로의 개종에도 불구하고 정복
과 자만과 탐욕의 역사이며, 우리의 최고의 가치는 남들을 정
복해서 착취하는 것이다. 이 가치들은 '남자다움'이라는 우리
의 이상과 일치한다. 그래서 싸우고 정복할 수 있는 사람만이
남성이고, 힘을 행사함에 있어서 강하지 못한 사람은 약한 자
이며 '남자답지 못한' 자이다."

프롬은 기독교적 이상이 아닌 이교적 이상이 유럽을 실제

로는 지배하고 있다는 것을 보여주는 증거로서 과거 2세기 동안 일어난 여러 전쟁에 참가한 사람들의 격렬하고 광적인 열광과 현대의 올림픽 경기에서 나타나는 광적인 민족주의를 들고 있다. 프롬이 보기에 올림픽의 인기 그 자체는 서구 이교의 상징적인 표현이다. 올림픽은 승자와 가장 강한 자, 가장 강하게 자신을 주장하는 자를 찬양하는 것이다. 이에 대해서 기독교의 진정한 올림픽은 수난극이다.

오늘날 대부분의 사람들에게 기독교신앙이란 인간 자신의 탐욕스러운 태도를 위장하는 수단이 되고 말았다.

"위대한 박애자인 동시에 자기를 희생하는 신으로서의 그리스도를 굳게 믿는 사람들은 이 신앙을 소외된 형태의 경험으로 바꾸어 '자기들을 대신하여' 사랑해주는 예수로 만들 수 있다고 생각한다. … 예수에 대한 신앙은 인간 자신의 사랑의 행위를 대신해 주는 것이 된다."

전혀 사랑을 행하지 않는 데 대한 무의식적인 죄의식에서 오는 고통을 사람들은 사랑의 신앙을 믿는다고 공언함으로

써 어느 정도는 무마할 수 있는 것이다. 기독교는 사람들이
자신을 미화하고 합리화하는 수단 내지 자신의 양심을 무마
하는 위안제가 되고 말았다.

　5) 휴머니스트의 저항

　사회적 성격이 비인간적인 것이 되고 산업종교와 사이버
네틱스종교까지 생겨나면서 이에 대한 저항운동이 일어나
게 되었고 새로운 휴머니즘이 탄생하게 되었다. 이러한 새
로운 휴머니즘은 중세 말에서 계몽주의 시대에 이르기까지
일어났던 기독교적·철학적 휴머니즘에 그 뿌리를 두고 있
다. 프롬은 이러한 새로운 휴머니즘은 마르크스주의자들과
그 외의 다른 사회주의자들에 의해서 주창되었다고 보고 있
다. 소유양식에 입각한 자본주의사회에 대한 이들의 비판적
사상을 프롬은 급진적 휴머니즘radical humanism이라고 부르고
있다. 급진적 휴머니즘이라는 말로 프롬은 근대가 이룩한
기술적 진보는 계속 유지하면서도 인간의 소외와 기계에의
종속 그리고 비인간화로부터 벗어날 수 있는 새로운 세계를
모색하는 사상을 가리키고 있다.

프롬은 이러한 급진적 휴머니스트의 대표자 중의 하나를 마르크스에서 찾고 있다. 마르크스는 프롬과 마찬가지로 자본주의 본질을 소유양식의 지배에서 찾았다. 마르크스는 이렇게 말하고 있다.

"사유재산은 우리를 너무나도 어리석고 편협한 인간으로 만들었기 때문에 어떤 대상이 우리의 것이 되는 것은 우리가 그것을 소유할 때, 그것이 우리의 자본으로서 존재할 때, 혹은 그것을 직접 먹고, 마시고, 입고, 그 속에 사는 등, 요컨대 어떤 방법으로 '이용할' 수 있을 뿐이다. … 이리하여 '모든' 육체적·지적 의식은 '모두' 다 소외된 의식, 즉 '소유'의식으로 대치되었다."

그리고 마르크스는 소외되지 않은 능동성의 상태를 다음과 같이 표현하고 있다.

"'인간'을 '인간'이라고 가정해 보자. 그리고 세계에 대한 인간의 관계를 인간적인 관계라고 가정해 보자. 그때 사랑을 끌어낼 수 있는 것은 사랑뿐이며, 신뢰를 끌어낼 수 있는 것은 신뢰뿐이다. 그 밖의 것도 마찬가지이다. 만일 당신이 예술을 즐기고 싶다면 당신은 예술적인 소양이 있는 인물이 되어야 한다. 만일 당신이 남에게 영향을 주기를 바란다면 당신은 참으로 남을 자극하고 격려할 수 있는 힘을 지닌 인물이 되어야 한다. 인간과 자연에 대한 당신의 모든 관계가 당신의 의지의 대상에 대응하여 당신의 '현실적인 개인적' 생명의 '특정한 표현'이어야 한다."

그러나 마르크스의 이러한 사상은 이윽고 왜곡되었다. 이는 부분적으로는 마르크스 자신에게도 책임이 있었다. 프롬에 따르면 마르크스는 자본주의가 쇠퇴하고 궁극적인 위기가 시작되기 약 100년 전에 태어났으며 마르크스 역시 시대의 아들인 한 부르주아적인 사고와 실천 속에 퍼져 있던 태도와 개념을 채용하지 않을 수 없었다는 것이다.

예를 들면 그는 '공상적' 사회주의에 대해서 '과학적' 사회주의를 정립하면서 고전학파 경제학자들의 이론에 따랐다. 경제는 인간의 의지와는 전혀 관계없이 자체적인 법칙에 따른다고 이들이 주장한 것처럼 마르크스도 사회주의는 경제 법칙에 따라 '필연적으로' 실현된다는 것을 증명하고자 했다. 그 결과 그는 가끔 역사과정에서 인간의 의지와 상상력이 차지하는 역할 그리고 인간이 지닌 열정의 복잡성을 과소평가했으며 결정론적인 것으로 오해되기 쉬운 공식을 전개하는 경향이 있었다.

프롬은 마르크스의 사상에서 무엇보다 취약한 것이 인간의 본질과 인간성의 변화에 관련되는 것이라고 보고 있다. 마르크스는 비인간적인 소외현상들이 주로 사회적 환경에서 비롯된다고 보았기 때문에 사회구조의 변혁에만 관심을 기울이게 되었다. 이에 대해서 프롬은 인간의 본질과 인간성의 변화는 단순히 사회적 환경에 의해서 수동적으로 결정되는 것이 아니라 독자적인 법칙을 가지고 있다고 보며, 따라서 인간성의 변화를 위해서는 사회적 환경의 변화 이외에 자기혁신을 위한 인간 개개인의 노력이 수반되지 않으면 안 된다고 본다.

많은 정치적 혁명가들은 사회경제적 구조를 변혁하면 인간의 정신이 자동적으로 변화되리라고 믿었는데 이는 그들이 인간의 정신을 지나치게 수동적인 것으로 파악했다는 사실을 보여준다. 프롬은 그들을 이렇게 비판하고 있다.

"그들은 옛 엘리트와 똑같은 성격에 의해 움직이는 새로운 엘리트가 혁명이 낳은 새로운 사회정치적 제도 안에서 옛 사회의 조건들을 재생하려 한다는 사실을 모르고 있으며, 또 혁명의 승리가 혁명으로서는 패배가 되리라는 … 사실을 모르고 있다."

이와 함께 마르크스는 노동계급을 낭만적으로 이상화했는데 이는 노동계급에 대한 객관적 관찰의 결과라고 볼 수 없었다. 그는 자유를 두려워하면서 권위에 예속되기를 바라는 인간 내면의 퇴행적인 힘을 인식하지 못했다. 그는 인간은 선천적으로 선하며 다만 사회적 환경이 인간을 타락시키는 것이기 때문에, 이러한 사회적 환경의 철저한 변혁과 더불어 인간의 근원적인 선성善性이 그 모습을 드러낼 것이라고 믿었다.

또한 마르크스와 엥겔스는 사회구성원들이 자유로운 연

합에 의해서 직접 운영되는 사회를 지향하면서도 생산수단
을 국유화하고 소유권과 재산권을 변화시킨다는 것이 갖는
중요성을 지나치게 과대평가하는 경향이 있었다. 그는 생
산수단이 자본가의 손에 있든 국가에 있든 그것만으로는
노동자의 현실에는 큰 변화가 일어날 수 없다는 사실을 간
과했다.

물론 프롬은 마르크스가 생산수단의 국유화를 목표 자체
로 생각하지 않았고 그것을 인간의 자유와 해방, 즉 '진정한
민주주의'를 달성하기 위한 수단이라고 파악했다는 사실을
잊지 않고 있다. 이러한 사실은 '천박한 형태의 공산주의'에
대한 마르크스의 비판에서 특히 명확하게 나타나고 있다.
그가 말하는 '천박한 공산주의'는 소유권의 변화, 즉 사유재
산의 폐지만을 목표하는 공산주의를 의미한다. 소유의 평등
을 사회주의와 동일시하는 천박한 공산주의는 선망과 질시
에 바탕을 둔 평균화에 불과하다. 마르크스는 인간의 해방
이 원래 단순한 생산수단을 국유화한다는 정치적인 문제이
기보다는 경제적·사회적 문제라는 것, 즉 노동자들이 적극
적으로 사회와 기업의 운영에 직접 참가할 수 있는 사회의

건설이라는 것을 확신하고 있었다.

그러나 마르크스에게는 또한 사회주의를 생산수단의 국유화와 동일시하는 경향이 있었으며 사유재산의 폐지가 곧 노동계급의 해방을 초래하리라고 믿는 경향이 있었다. 마르크스가 생산수단의 국유화를 사회주의의 핵심으로서 내세운 것은 19세기 자본주의의 영향을 받았기 때문이다. 소유권과 재산권은 자본주의의 핵심적인 범주였다. 따라서 마르크스가 생산수단의 사회화를 주장하면서 자본주의의 사유재산제도를 전도한 것이 사회주의라고 정의를 내릴 때, 그는 소유권과 재산권 등 순전히 경제적인 요인이 인간의 행복에서 갖는 중요성을—그가 비판하는 부르주아들과 마찬가지로— 지나치게 과대평가하고 있다.

마르크스가 소유권의 변화를 지나치게 강조함으로써 마르크스의 체계를 자본주의와 근본적으로 다르지 않은 체계로 왜곡시키는 과정이 용이해졌다. 소련의 공산주의는 사회주의를 최대한의 소비와 최대한의 기계의 사용을 목적으로 하는 순전히 경제적인 개념으로 변모시켰다. 사회주의의 목표는 자본주의가 소수에게만 주는 소비의 즐거움을 국민 전체에게 골고루 나누어주는 것이라는 식으로 이해되었다.

프롬은 마르크스 외에 알버트 슈바이처와 같은 사람도 급진적 휴머니스트로 간주하면서 알버트 슈바이처의 다음과 같은 말을 인용하고 있다.

"발달된 조직을 갖고 있는 사회가 엄청난 힘을 '인간'에게 행사하기 때문에 사회에 대한 '인간'의 의존도가 커져서 우리는 스스로의 정신적 생활을 영위할 수 없을 정도가 되었다. … 이리하여 우리는 새로운 중세로 들어갔다. 일반적인 의지결정에 의해서 사상의 자유가 그 기능을 빼앗기고 말았다. 왜냐하면 많은 사람들이 자유로운 개인으로 사유하는 것을 포기하고 그들이 속한 집단에 의해서 인도되기 때문이다. … 사상의 독립을 희생함으로써 우리는—달리 될 수도 없었겠지만— 진실에 대한 신념을 잃어버렸다. 우리의 지적·정서적 생활은 해체되었다. 공적인 일들을 지나치게 조직화함으로써 마침내는 아무것도 생각하지 않는 조직이 되어버렸다."

슈바이처는 산업사회의 특징을 자유와 자율의 결여로 보

왔을 뿐 아니라 '과잉노동'으로도 보았다.

"2, 3세기 동안 많은 사람들은 '인간'으로서가 아니라 '일하는' 존재로서만 살아왔다." 인간성이 위축되고 그와 같이 인간성이 위축되고 왜곡된 부모에 의해서 어린아이들이 양육되기 때문에 어린아이의 인간적 성장에 필요한 본질적 요인은 결여되고 만다. "이윽고 어른이 된 사람 역시 과잉노동을 강요받고 천박한 오락에의 욕구에 넘어가는 경우가 점점 많아지게 된다. … 절대적인 수동성, 자기를 피하고 자기를 잊어버리는 것이 그에게 있어서 육체적인 욕구가 된다."

이와 함께 슈바이처는 노동을 줄일 것을 제창하고, 과잉소비와 사치를 경고하고 있다.

프롬은 마르크스와 슈바이처를 비롯한 모든 급진적 휴머니스트들의 공통된 이상을 다음과 같이 제시하고 있다.

a. 생산은 경제체제의 요청에 따라서는 안 되며, 인간의 현실적인 요구에 봉사해야 한다.

b. 인간과 자연 사이에 새로운 관계가 맺어져야 한다. 즉
  착취가 아닌 협동관계를 확립해야 한다.

c. 서로의 대립을 연대의식으로 바꾸어 놓아야 한다.

d. 모든 사회적 제도의 목표는 인간의 복리와 불행의 방지
  에 두어져야 한다.

e. 최대한의 소비가 아니라 복리를 조장하는 건전한 소비
  가 추구되어야 한다.

f. 개인이 사회생활에 수동적이 아니라 능동적으로 참여
  해야 한다.

6) 존재지향적 태도를 갖기 위한 구체적인 방안

프롬은 현대의 생태학적 위기와 사회적 위기를 극복하기
위해서는 우리의 삶을 소유지향적인 것에서 존재지향적인
것으로 변혁해야만 한다고 보고 있다. 그리고 그는 존재지
향적인 삶을 구현하기 위해서 우리가 가져야 할 자세로서
다음과 같은 것들을 들고 있다.

a. 인간에게 소유욕이 존재하는 한 인간 간의 갈등은 불가

피하며 개개인은 자기 자신의 현상태에도 만족할 수 없다. 소유욕은 인간의 자기 분열과 아울러 인간 간의 분열을 야기한다. 따라서 모든 소유물을 자진하여 포기하려는 의지를 가져야 한다. 이렇게 소유욕을 포기하는 것을 통해서만 인간은 자신의 삶에 대해서 안정감을 느낄 수 있으며 주변 세계와 진정한 연대를 맺을 수 있다.

b. 저축하고 착취하는 데서가 아니라 주고 나누어 갖는 데서 기쁨을 느낀다.

c. 생명의 모든 현상을 사랑하고 존경한다. 정교한 기계와 상품 그리고 권력에서가 아니라 생명과 그것의 성장에 관련된 모든 것이 신성하다고 생각한다. 자신이 모든 생명체와 하나라는 것을 인식한다. 자연을 정복하고, 지배하고, 착취하고, 약탈하고, 파괴한다는 목표를 포기하고 오히려 자연을 이해하고, 자연과 협력하도록 힘쓴다.

d. '지금 여기에' 완전히 존재한다.

e. 사악함과 파괴성은 성장에 실패함으로써 나타나는 필연적인 결과라는 것을 깨닫고, 자기와 동포의 완전한

성장을 삶의 궁극적 목표로 삼는다.

f. 자기 이외의 어떠한 인간이나 사물도 자신의 인생에 의미를 부여하지 못한다는 사실을 자각하는 독립적인 인간이 된다.

g. 다른 사람을 속이지 않으면서 또한 다른 사람으로부터 속지도 않는다. 천진하다고는 할 수 있으나 단순하다고 할 수 없는 인간이 된다. 자기 자신을 통찰한다. 자신이 의식적으로 알고 있는 자기뿐만 아니라 자신이 모르는 자기까지도 통찰한다.

h. 이러한 목표에 도달하기 위해서 끊임없이 수양을 한다. 그러나 꼭 '목표에 도달하겠다는' 야심은 없다. 그와 같은 야심도 탐욕과 소유의 한 형태라는 것을 알고 있기 때문이다. 어디까지 도달할 수 있느냐 하는 것은 운명에 맡기고 항상 성장하는 삶의 과정에서 행복을 찾아낸다. 그 이유는 가능한 한 완전하게 산다는 것은 자기가 무엇을 달성할 수 있느냐 없느냐 하는 걱정을 할 필요가 거의 없을 정도로 만족감을 주기 때문이다.

7) 인본주의적이고 공동체주의적인 사회주의의 형성

프롬은 현대산업사회의 병폐를 극복하기 위해서는 인간 개개인이 소유지향적인 삶을 버리고 존재지향적인 삶을 지향하는 정신혁명을 추구하는 것 이외에 사회구조의 근본적인 변혁이 필요하다고 본다. 프롬은 기독교를 비롯한 전통적인 종교들이 자신의 이념을 제대로 실현하지 못했던 원인이, 그것들이 사랑과 자비가 지배하는 사회를 건설하기 위해서는 정신혁명 이외에 사회구조의 변혁이 동시에 진행되지 않으면 안 된다는 사실을 간과했다는 데서 찾고 있다. 이 점에서 프롬은 사회구조가 인간 개개인의 의식에 미치는 영향에 대한 마르크스의 통찰을 전폭적으로 수용하고 있다.

프롬이 보기에 인간은 천성적으로 삶과 창조를 지향하지만 그것이 제대로 실현되지 못하고 파괴와 공격으로 치달리는 것은 사회적 환경 때문이다. 삶과 창조성이 지배하고 있는 사회에서는 일개인이 파괴성이나 공격성을 드러내기가 어렵다. 이에 반해 파괴성이나 공격성이 지배하는 사회에서는 히틀러와 같은 파괴적인 인간이 영웅이 될 가능성이 많다. 따라서 프롬은 단순한 정신혁명을 내세우는 것을 넘어서 그러한 정신혁명이 지속될 수 있도록 하는 사회 구조의 변혁이 요청된다고 본다. 프롬은 자신이 지향하는 사회를 인본주의적이고 공동체주의적인 사회주의Humanistic Communitarian Socialism라고 부르고 있으며, 그러한 사회가 이루어지기 위해서는 특히 경제적 차원에서 다음과 같은 변화가 수반되지 않으면 안 된다고 말하고 있다.

a. 경제의 종합적 계획을 고도의 분권화와 연결시키고, 지금은 거의 허구가 되어버린 자유시장 경제를 버려야만 한다. 자본주의하에서 각 기업들은 끊임없이 확대되는 시장에서 자신들이 차지할 몫을 획득하기 위해서 점점 더 많은 판매고를 올리려고 애쓴다. 이러한 경제 상황의 결과 각 산업은 대중의 구매욕을 부추기기 위해서 정신 건강에 해로운 소비적 성향을 조성하고 강화하려고 가능한 모든 수단을 동원하게 된다.

이러한 경향은 또한 낭비를 낳는다. 이러한 낭비로 빚어지는 경제적 손실은 차치하더라도 그것은 심리적으로 부정적인 영향을 크게 초래한다. 즉 소비자로 하여금 노동에 대한 존경심을 상실하게 하며 또한 자기 자신의 나라, 혹은 더 가난한 나라에서 많은 사람들이 그가 낭비하는 물품들을 귀중하게 필요로 한다는 사실을 잊어버리게 한다. 따라서 생산과 광고 등의 분야에서 국가의 통제가 절실하게 필요하다.

b. 무한한 성장이라는 목적을 버리고 선택적 성장을 추구해야만 한다. 프롬은 소비의 증대를 강요하는 자본주의적 생산의 내적인 법칙에 의해서 사람들이 소비인이 되도록 강요당하지 않는 사회가 되어야 한다고 생각한다. 프롬은 현대의 산업사회에서는 부유한 사람들의 경우 소비가 이미 해로운 단계에까지 도달했다고 생각한다. 아울러 프롬은 생산과 소비의 증대를 목표로 삼는 경우, 사람들은 건전하면서도 정당한 욕구를 충족시키는 데 그치지 않고 끊임없이 소비하려고 하는 탐욕에 사로잡히게 되고 피동적인 인간으로 전락할 것이라고 생각한다. 따라서 생산은 건전한 소비를 위한 것에 제한되어야 한다.

프롬은 병적이고 쓸데없는 소비 규범 대신에 건강한 소비 규범을 확립하는 것이 원칙적으로 가능하다고 보고 있다. 그 예로 프롬은 미국의 식품 의약품국FDA: Food and Drug Administration을 들고 있다. 이곳에서는 어느 식품과 어느 의약품이 유해한가를 결정하며, 그 결정은 여러 분야의 과학자들의 전문적인 의견에 바탕을 두고 장기간에 걸친 실험 끝에 내려진다. 그와 같은 방법으로 심리학자, 인류학자, 사회학자, 철학자, 신학자 그리고 여러 사회 집단이나 소비자 집단의 대표자들로 구성된 위원회에 의해서 상품이나 사업에 대한 평가가 결정될 수 있다. 그러나 프롬은 무엇이 생명을 증진하고, 무엇이 생명에 해를 끼치는가를 검토하기 위해서는 FDA의 연구와는 비교가 안 될 정도로 대규모적인 연구가 필요하다고 보고 있다.

"지금껏 거의 손을 댄 적이 없었던 인간욕구의 본성이라는 문제에 대한 기초적인 연구가 새로운 인간과학에 의해서 이루어져야 할 것이다. 우리는 어떤 욕구가 우리의 유기체에서 연유된 것이며 어느 것이 문화과정의 결과인가, 어느 것이 개인의 성장의 표현이고 어느 것이 산업에 의해 개인에게 강요되는 합성품인가, 어느 것이 '능동화'하고 어느 것이 '수동화'

하는가, 어느 것이 병리에 뿌리박고 있으며 어느 것이 정신적 건강에 뿌리박고 있는가를 결정해야만 한다.

현재의 FDA와는 대조적으로 새로운 인본주의적 전문가 집단의 결정은 강제성을 띠지 않고 지표로서의 구실만을 할 뿐, 그 나머지는 모두 시민의 토의에 맡기게 될 것이다."

c. 공동경영의 원리가 현대의 기업들 전체에서 실현되어야 한다.

프롬은 자신이 주장하는 것처럼 자유시장경제를 폐지하고 계획경제가 도입될 경우 기존의 사회주의국가에서 보듯이 자칫 개인적인 창의성과 주체적인 책임의식을 말살시킬 수 있다는 위험성을 인정한다. 개인적인 창의성과 주체적인 책임의식은 자유주의적인 자본주의에서 경제 체제와 인간 발전의 큰 자극이었다. 그러나 자본주의에서 인간은 경제적인 목적에 종속됨으로써 인간의 선택된 일부의 성질, 즉 의지와 합리성만이 발전되었다. 아울러 오늘날의 거대조직사회에서는 오직 소수의 성원들만이 개인적인 창의성과 책임의식을 발휘할 수 있을 뿐이다. 대부분의 현대인들은 거대

조직의 톱니바퀴, 즉 일종의 자동인형이 되어 버렸다.

따라서 프롬은 현대의 자본주의는 개인적 창의성과 주체성의 발휘를 저해한다고 생각하며 이러한 상황을 극복하기 위해서는 사회구성원들이 정치적·경제적·문화적 차원에서 사회의 운영에 분권화된 방식으로 직접 참여하고 사회 전체에 영향을 미칠 수 있어야 한다고 본다. 프롬은 특히 노동자들이 기업의 경영에 참여할 수 있어야 한다고 주장한다.

이와 관련하여 프롬은 자신이 지향하는 인본주의적인 사회주의는 모든 사적인 소유를 폐지하고 소유를 평등하게 하는 게 아니라 모든 노동자들이 산업과 정치에 능동적으로 책임 있게 참여하게 하는 것을 목표한다는 사실을 강조하고 있다. 사회주의의 목표를 단순히 소유권의 변혁에서만 찾는 것은 아직 소유에 대한 집착을 버리지 못하고 소유를 인생의 목표로 여기고 있다는 점에서는 기존의 자본주의사회와 다를 바 없다. 자본주의를 진정으로 극복하는 사회주의의 목표는 소유에 대한 개개인의 집착을 극복하고 인간 개개인이 진정한 의미에서 인간이 되는 데에 존재한다.

따라서 사유재산과 공유재산을 추상적으로 대립시키고 모든 문제를 재산권의 문제로 환원시키는 것이 아니라 노동자의 경영참여와 공동경영, 권한의 분산, 노동과정에서의 인간의 구체적 기능에 초점을 맞추지 않으면 안 된다고 말하고 있다. 그는 사회주의는 재산권의 전면적 변혁이라는 추상적 목표의 실현에 몰두하기보다는, 가까운 데서부터, 즉 사회주의정당 자체와 노동조합 그리고 기업의 민주화에서부터 출발해야 한다고 보는 것이다. 비록 재산권이 개인자본가로부터 사회나 국가로 옮겨진다고 해도 그 자체는 노동자의 상황개선에 큰 효과를 갖지 못하며 사회주의의 중심과제는 어디까지나 노동환경의 변화에 있다는 사실을 프롬은 거듭 말하고 있다.

노동자들이 이렇게 경영에 능동적으로 참여할 수 있기 위해서 프롬은 다른 무엇보다도 노동자들의 책임감과 노력이 필요하다고 본다. 첫째 조건으로 프롬은 노동자가 그 자신의 일에 대해서만이 아니라 전업체의 운영에 정통해 있어야 한다는 것을 들고 있다. 이러한 지식은 기술적·과학적 연수과정에 참여케 함으로써 얻어질 수 있을 것이라고 프롬은 보고 있다.

아울러 제3의 참가자로서 소비자도 어떤 형태로든 기업의 결정 과정과 계획 과정에 참여해야 한다. 노동의 중요한 목적이 이윤을 남기는 것이 아니고 사람들에게 봉사하는 것이라는 사실을 인정한다면 봉사를 받을 사람들이 그들에게 봉사하려는 사람들의 작업에 발언권을 가져야만 한다는 것은 당연하다.

프롬은 이러한 공동 경영이 그렇게 쉽게 실현되지는 않을 것이라는 것을 잘 알고 있다. 그럼에도 그는 공동 경영이라는 원칙이 받아들여진다면 그것은 충분히 실현될 수 있다고 생각한다. 그는 헌법에서 국가의 여러 부문의 고유한 권한에 관한 비슷한 문제를 해결했으며 경영에 관한 법률에서 주주, 경영자 등의 여러 가지 권리에 관한 문제를 해결했다는 사실들을 공동 경영의 문제를 우리들이 해결할 수 있다는 증거 사례로서 들고 있다.

소득격차와 관련하여 프롬은 모든 사람들의 소득을 평준화시킨다는 것이 진정한 사회주의자들의 목표가 아니었고 여러 가지 이유로 그것은 바람직하지도 않다고 보고 있다.

필요한 것은 인간이 품위를 가지고 살 수 있는 토대가 될 소득인 것이다. 소득의 불평등은 소득의 차이가 인생경험의 현격한 차이를 초래하는 선을 넘어서지만 않는다면 될 것이라고 프롬은 보고 있다. 수백만 달러의 소득을 가짐으로써 아무런 생각 없이 어떤 변덕이든지 충족시킬 수 있는 사람과 하나의 값비싼 소원을 이루기 위해서 다른 욕망을 희생해야 하는 사람과는 인생의 경험이 달라지는 것이다. 문제가 되는 것은 소득이 얼마나 많고 더 적으냐 하는 것이라기보다 어느 점에서 소득의 양적 차이가 인생 경험의 질적인 차이로 변환되느냐 하는 것이며 그 점을 찾아내는 것이 중요하다.

d. 물질적 이익이 아닌 정신적 만족이 삶과 노동의 동기가 되는 사회 풍조와 노동 조건을 만들어야만 한다.

e. 노동에서보다 생활 속에서 개인의 창의성을 회복해야 한다.

이러한 과제들을 해결하기 위해서는 근대의 새로운 자연과학에 비교될 수 있는 새로운 인본주의적인 인간 과학이 필요하다고 프롬은 생각한다. 그는 우리가 자연 과학의 발달을 통한 '기술적 유토피아'의 건설을 위해 쏟아온 우리의 정력, 지성, 열의를 똑같이 '인간애가 지배하는 유토피아'의 실현을 위해 쏟는다면 그것도 실현될 수 있다고 본다.

· 세창명저산책은 계속 이어집니다.